앞에서 뒤로 꼭 전해줘야 할 선생님과 제자 이야기

알고 가는 게 좋은가?
가면서 아는 게 좋은가?

인생을 가장 아름답게 살아가는 것 중 하나는 물처럼 사는 것이라고 했다
선생님으로부터 제자에게 전해지고 제자가 따라 배우고 또 제자를 만든다

고광혁·이헌상 공저

도서출판 **타래**

앞에서 뒤로 꼭 전해줘야 할
선생님과 제자 이야기

알고 가는 게 좋은가?
가면서 아는 게 좋은가?

초판 1쇄 발행 | 2024년 5월 15일

지은이 | 고광혁 · 이헌상
펴낸이 | 이성범
펴낸곳 | 도서출판 타래
교정 · 교열 | 박진영
표지 디자인 | 김인수
본문 디자인 | 양하비

주소 | 서울시 영등포구 양평로 30길 14, 911호(세종앤까뮤스퀘어)
전화 | (02) 2277-9684~5 / 팩스 | (02) 323-9686
전자우편 | taraepub@nate.com
출판등록 | 제2012-000232호

ISBN 978-89-8250-164-7 03810

· 이 책은 저작권법에 의해 한국 내에서 보호 받는 저작물이므로 무단 전재와 무단 복제를 금합니다.
· 값은 뒤표지에 있습니다.
· 파본은 구입한 서점에서 교환해 드립니다.

머리말

30여 년을 교수자로 임하면서 "부족하더라도 부끄러움은 없다."라는 마음으로 내가 만나는 사람들에게 선한 영향력을 발휘하려고 노력해 왔다.

이번에 출간하는 책의 글들은 "하루를 아무 생각 없이 살다 보면 내일은 생각할 수 없다."라는 마음으로 적어도 이것 하나만은 생각하며 살아 보자는 뜻에서 매일 '오늘 생각하는 한마디'라는 형식으로 페북에 쓴 글들을 정리해 놓은 것들이다.

한 편의 글은 소제목과 내용 그리고 마무리로 구성했다.

"즐겁지 않으면 인생이 아니다." 등과 같이 글의 내용 주제를 함축하도록 한 문장 형식으로 소제목을 키워드 중심으로 표현했고 하루 생각해 볼 내용을 간단한 문장 형식으로 소개하고 마무리로 함께 생각해 볼 방향성을 제시하며 마무리하는 형식으로 구성했다.

다가올 100세 시대와 4차산업혁명 시대를 맞아 이 글을 읽는 모든 독자가

"생각이 바뀌면 행동이 바뀌고
행동이 바뀌면 자신의 미래가 바뀐다."

이 평범한 진리를 깨달아 각자의 삶의 자유와 행복을 생각하며 하루를 맞이하길 기대해 본다.

톨스토이는 『3가지 질문』이라는 책에서 다음과 같이 우리에게 묻는다.
첫째, 이 세상에서 가장 중요한 시간은 언제인가?
둘째, 이 세상에서 가장 중요한 사람은 누구인가?
셋째, 이 세상에서 가장 중요한 일은 무엇인가?

이 책을 읽으며 우리 각자 자신의 해답을 생각해 보는 시간이 되길 기대해 본다.

끝으로 그동안 이 책의 출간을 위해 여러 가지로 함께 애써준 이헌상 대표에게 고마운 마음을 전한다.

누구나 별이 되고 싶어 한다. 하지만 그 별이 빛나는 것은 어두운 밤하늘이 있기 때문이다.

이 책이 우리 마음을 환히 빛낼 밤하늘이 되길 바란다.

고광혁

머리말

내 스승님을 처음 만나고 함께 한 지 벌써 34년이 되었다.

인생의 동반자는 가족과 친구만이 아니라는 것을 독자분들에게 말해주고 싶다.

늘 내게 진하고 묵직한 가르침을 주셨던 내 스승님도 지금의 나를 만들어주신 내 소중한 동반자이셨다.

그리고 이제 우리는 함께한 오랜 시간을 기념하는 출판을 하게 되었다. 유명 가수들도 20년, 30년 기념 앨범을 내지 않던가?

내 스승님과 함께한 오랜 시간 중에서 어느 날 내 스승님이 전하신 메시지가 지금도 잊혀지지 않는다.

"헌상아! 청출어람 하거라!" 정말 이 메시지를 나는 평생 잊을 수 없을 것이다.

제자는 스승의 그림자도 밟지 말라고 하지 않았던가?

'군사부일체(君師父一體)'라고 임금과 스승, 아버지의 은혜는 같다고 하지 않았던가?

만감이 교차하는 순간이었다. 왜 이런 말씀을 하셨는지 너무나 잘 알고 있었기 때문에 더 소중하고 감사하고 죄송했다.

그리고 이제 나는 오랜 시간 가르침을 받은 제자이면서 또한 많은 제자를 가르치는 스승이 되어 있다.

내 스승님이 내게 하셨던 말씀대로 미래의 나 역시 내 제자들에게 청출어람 하라는 말을 하는 날이 올 것이라는 생각에 가슴이 설레며 이 책을 준비했고 살면서 내가 간절히 느끼고 깨닫고 후회했던 것들에 대한 소회를 함께 담았다.

모쪼록 이 책이 정답이 없는 인생을 살아가면서 최소한 알고 또한 지니고 가면 좋은 명품 참고서가 되길 바란다.

이헌상

1부

職을 높이려 말고 格을 높여라 ▶ 13

- ▶ 1　도덕성은 리더의 근본이다 ▶ 14
- ▶ 2　생활 속 해독(Detox)을 실천해 생활 활력을 회복하라 ▶ 20
- ▶ 3　화는 적게, 웃음은 많이 ▶ 23
- ▶ 4　수한무 거북이와 두루미다 ▶ 26
- ▶ 5　삶의 유한함을 깨닫고 지금 내 삶을 사랑하자 ▶ 30
- ▶ 6　모든 것은 다 지나간다 ▶ 32
- ▶ 7　'작심삼일'은 하지 말아야 한다 ▶ 35
- ▶ 8　인사가 만사다 ▶ 38
- ▶ 9　사심(私心)을 버리고 정심(正心)을 품자 ▶ 40
- ▶ 10　Know thyself(너 자신을 알라) ▶ 42
- ▶ 11　악화를 몰아내고 양화를 구축하라 ▶ 44
- ▶ 12　자신의 '아비투스'에 자부심을 갖자 ▶ 46
- ▶ 13　내면을 보고 싶어도 외면을 본다 ▶ 48
- ▶ 14　진정한 선은 흐르는 물과 같다 ▶ 50
- ▶ 15　매사 자기관리가 필요하다 ▶ 52
- ▶ 16　'자기성찰(自己省察)'부터 먼저 하라 ▶ 55
- ▶ 17　자신의 고정관념(固定觀念)을 버려라 ▶ 57
- ▶ 18　평정심 유지가 가장 어렵다 ▶ 59
- ▶ 19　빨간 내복은 가족의 사랑을 입는 것이다 ▶ 61
- ▶ 20　겁내지 말고 지금부터는 다르게 살아 보자 ▶ 65
- ▶ 21　벼랑 끝에 서서 자신을 보라 ▶ 68
- ▶ 22　태도가 곧 그 사람이다 ▶ 71
- ▶ 23　변하지 않으면 거듭날 수 없다 ▶ 73
- ▶ 24　존버 정신이 있어야만 생존한다 ▶ 76

- ▶ 25 힘들어도 부끄럽게 살지 말라 ▶ 80
- ▶ 26 자신의 마음 그릇을 키워라 ▶ 83
- ▶ 27 선택은 오직 자신의 신념에 달려있다 ▶ 86
- ▶ 28 자신의 평판은 자신이 만든다 ▶ 90
- ▶ 29 오늘이 내 인생에서 가장 젊은 날이다 ▶ 94
- ▶ 30 알고 가는 게 좋은가? 가면서 아는 게 좋은가? ▶ 97
- ▶ 31 속이 건강해야 웃는다 ▶ 99
- ▶ 32 창의(創意)는 생각을 생산하는 힘이다 ▶ 101
- ▶ 33 투정부릴 시간이 있으면 오늘 건강하고 자리가 있는 것에 감사하라 ▶ 103
- ▶ 34 가족은 함께 놀 때 더 행복하다 ▶ 106
- ▶ 35 사랑과 따뜻한 정을 나누는 화이트 크리스마스를 꿈꾸며 ▶ 110
- ▶ 36 단팥은 마음으로 만드는 거야 ▶ 114
- ▶ 37 개 눈에는 똥만 보인다 ▶ 117
- ▶ 38 내 '내로남불'로 갈라치기하지 말자 ▶ 120
- ▶ 39 내려놓아야 얻을 수 있다 ▶ 123
- ▶ 40 사람이 곧 재산이다 ▶ 125
- ▶ 41 심보를 곱게 써라 ▶ 128
- ▶ 42 대확행 말고 소확행하라 ▶ 130
- ▶ 43 골프를 쳐보면 어떤 사람인지 알 수 있다 ▶ 132
- ▶ 44 땀으로 거둔 열매는 보석과 같다 ▶ 134
- ▶ 45 '인생삼락(人生三樂)'을 즐겨라 ▶ 135
- ▶ 46 자연의 순리가 가장 아름답다 ▶ 137
- ▶ 47 더위 먹지 말라 ▶ 138
- ▶ 48 내가 흘린 땀은 결코 배신하지 않는다 ▶ 140
- ▶ 49 언제나 그립고 주신 사랑 잊지 않겠습니다 ▶ 142
- ▶ 50 내 인생에 Pause는 있어도 Stop은 없다 ▶ 143
- ▶ 51 노력하지 않은 사람은 기대할 것도 없다 ▶ 145

- ▶ 52 사랑을 더 붉게 빚어라 ▶ 147
- ▶ 53 '무'에서도 꽃을 다시 피워내자 ▶ 149
- ▶ 54 잃은 것이 전부는 아니다 ▶ 151
- ▶ 55 사랑은 함께 빚는 것이다 ▶ 153
- ▶ 56 아는 만큼 성숙해진다 ▶ 155
- ▶ 57 같은 말을 쓰는 것이 사랑이다 ▶ 156
- ▶ 58 변혁하는 자가 살아남는다 ▶ 158
- ▶ 59 잊혀진 사람이 가장 불행하다 ▶ 159
- ▶ 60 유물은 추억을 남긴다 ▶ 160
- ▶ 61 나만의 아침시간 루틴을 만들자 ▶ 164
- ▶ 62 어떻게 살아갈 것인가? 선택은 자신의 몫이다 ▶ 166
- ▶ 63 겉이 아닌 속이 차야 한다 ▶ 168
- ▶ 64 멋있는 사람은 늙지 않는다 ▶ 169
- ▶ 65 중요한 것은 생각이 아니라 생산이다 ▶ 170
- ▶ 66 복습하는 시간과 복기하는 습관을 길러라 ▶ 172
- ▶ 67 책 속에 길이 보인다 ▶ 174
- ▶ 68 말의 품격을 높여라 ▶ 176
- ▶ 69 풍요롭고 싶은가? 여유롭고 싶은가? ▶ 180
- ▶ 70 하고 싶은 일을 할 것인가? 해야 할 일을 할 것인가? ▶ 182
- ▶ 71 즐겁지 않으면 인생이 아니다 ▶ 184
- ▶ 72 묘비명에서 자신을 돌아본다 ▶ 187
- ▶ 73 내 마음의 칼을 갈고 돌아본다 ▶ 190
- ▶ 74 진정한 행복은 해석학적 관점에서 발견된다 ▶ 192
- ▶ 75 리더십은 품격으로 말한다 ▶ 194
- ▶ 76 '소문만복래(笑門萬福來)' 웃으면 복이 온다 ▶ 195
- ▶ 77 지금이 가장 빛나는 꽃이다 ▶ 201
- ▶ 78 무엇을 담을까인가? 어디에 담을까인가? ▶ 203

2부

내려 놓아야 얻을 수 있다 ▶ 207

- ▶ 1 무엇이 우리에게 스트레스를 없애고 감동을 줄 수 있는가? ▶ 208
- ▶ 2 돌아보면 책 속에 길이 있다 ▶ 212
- ▶ 3 내 관점의 차이를 넘어서야 더 멀리 볼 수 있다 ▶ 214
- ▶ 4 정도를 걸어갈 용기를 갖자 ▶ 216
- ▶ 5 행복은 자기 마음의 크기다 ▶ 218
- ▶ 6 눈 가리고 아웅하지 말라 ▶ 220
- ▶ 7 사소한 말 한마디가 우리를 울리고 설레게 한다 ▶ 222
- ▶ 8 부러지더라도 휘지는 말라 ▶ 225
- ▶ 9 소탐대실하지 말라 ▶ 227
- ▶ 10 인간만 배가 안 고파도 사냥을 한다 ▶ 229
- ▶ 11 오늘 걷지 않으면 내일은 뛰어야 한다 ▶ 231
- ▶ 12 감쪽같다고 짝퉁(거짓)이 명품(진실)이 될 수는 없다 ▶ 235
- ▶ 13 사용하는 언어가 곧 그 사람의 품격이다 ▶ 237
- ▶ 14 '실건실제(失健失諸)' 건강을 잃으면 모든 것을 잃는다 ▶ 239
- ▶ 15 겁먹은 강아지가 더 크게 짖는다 ▶ 241
- ▶ 16 행복하려면 자신이 가진 보물을 세어보라 ▶ 243
- ▶ 17 중요한 것은 같은 마음이라는 거야 ▶ 245
- ▶ 18 긍정의 힘을 키워라 ▶ 246
- ▶ 19 '내일'은 패자들의 단어다 ▶ 248
- ▶ 20 가족이 힘이다 ▶ 250
- ▶ 21 고장난 벽시계는 멈추었는데 저 세월은 고장도 없네 ▶ 251
- ▶ 22 실천하지 않으면 전진은 없다 ▶ 253
- ▶ 23 적극적인 마음가짐으로 한파를 극복하자 ▶ 255
- ▶ 24 '화양년화(花樣年華)'는 지금이다 ▶ 257

- ▶ 25   '화무십일홍 권불십년'이다   ▶ 258
- ▶ 26   역사를 잊은 민족에게 내일은 없다   ▶ 259
- ▶ 27   무엇이 문제냐니 참 기가 막힌다   ▶ 261
- ▶ 28   고독은 나를 더 알게 한다   ▶ 262
- ▶ 29   인생은 선택의 연속이다   ▶ 264
- ▶ 30   성공 투자의 첩경은 없다. 지름길을 찾지 말라   ▶ 266
- ▶ 31   'BLASH GAME' 싸게 사 비싸게 팔아라   ▶ 269
- ▶ 32   때   ▶ 271
- ▶ 33   뻔한 승부에 시간과 정성을 아낌없이 쏟아부어라   ▶ 273
- ▶ 34   쌀 때 못 사고 비쌀 때만 산다. 그것도 매우 비쌀 때 산다   ▶ 275
- ▶ 35   젖은 옷은 마르게 되어 있다   ▶ 278

1부

職을 높이려 말고 格을 높여라

-고광혁-

1

도덕성은 리더의 근본이다

도덕

도덕(한자 道德, 영어 Morality, 라틴어 Moralitas)은 예의범절, 성품, 예의바른 행동(Manner, Character, Proper Behavior), 덕과 악덕의 분별을 배우는 과정이라고 할 수 있다.

때때로 도덕은 도덕적 영역에 대한 체계적인 철학적 연구인 윤리학의 동의어로 사용되는데 윤리학에서는 도덕적 결과가 특정 상황에서 어떻게 성취될 수 있는지(응용윤리학), 도덕적 가치들이 어떻게 결정되는지(규범윤리학), 무엇이 사람들을 실제로 도덕적 규범들을 따르게 하는지(기술윤리학), 어떤 목적적 정당화를 포함하는 윤리학과 도덕성의 근본적인 본질은 무엇인지(분석윤리학 또는 메타윤리학), 도덕적 수용력과 도덕적 힘은 어떻게 발달하고 그것의 본성은 무엇인지(도덕심리학) 등의 연구가 이루어져 왔다.

도덕 교과는 그 명칭이 '수신(修身)', '국민윤리', '도덕', '생활과 윤리'로 변화해 왔으며 도덕 교과는 초등 3학년~중학교 때 등장하는데 저학년 버전은 통합교과인 '바른생활', 이후 '바른생활' 과목은 3학년부터 '사회' 과목과 '도덕' 과목으로 나뉘고 초등 과정에서는 존중·책임·정의·배려의 전체지향 가치 덕목과 함께 18개 주요 가치·덕목을 각 단원에 맞게 구성해 가르친다고 한다.

현재 우리나라의 2015 개정 교육과정에 따르면 공통 과목인 '도덕', 일반 선택 과목인 '생활과 윤리', '윤리와 사상' 등으로 구분할 수 있는데 교육과정 총론에서 '도덕'은 인성의 핵심가치를 내면화하고 실천하는 데 초점을 맞추고 있고 '생활과 윤리'와 '윤리와 사상'에서는 주요 윤리 사상과 사회사상을 바탕으로 도덕적 민감성과 추론 능력 및 문제해결 능력의 함양에 초점을 맞추고 있다고 한다.

중학교 도덕에서는 특정한 도덕적 문제 상황에서의 행위 규범 등을 가르치는 데 초점을 맞추고 교과서 내용 수업과 활동식 수업을 동반해 유의미한 도덕적 활동을 통해 '도덕적 정서'와 '실천 의지'를 기를 수 있다는 점에 초점을 맞추고 있다고 한다.

고등학교 윤리에서는 특정한 도덕적 문제 상황을 정당화하는 규범적 근거를 가르치는 데 초점을 맞추고 있고 각 사상가의 주장에는 모두 나름의 타당한 논리적 근거가 있으므로 학생 각자가 지닌 생각에 따라 의식화, 정당화될 수 있다는 전제하에 여러 사상가의 주장을 비교·분석함으로써 자신의 삶과 사회를 성찰하는 역량 함양에 초점을 맞추고 있다고 한다.

이처럼 '도덕'과 '윤리'는 구별하기 힘들다는 생각이 든다.

원래 '도덕(道德)'은 인간으로서 지켜야 할 행위의 표준을 말한다. 道를 분리하면 [辶: 걸어갈 (착)], [首: 머리 (수)] '머리는 있는데 몸통은 없다.' 즉, 道는 '누군가 잘린 머리를 갖고 길을 걷는 것'을 의미해 액땜하기 위해 포로의 목을 잘라 나아갈 곳으로 향한다는 다소 섬뜩한 뜻을 지니고 있다. 이는 고대 중국의 주술적 풍습이 담긴 것으로 이로부터 '사람이 나아갈 올바른 길'이라는 의미로 확장되었다고 한다.

德은 분리하면 [彳: 걸어갈 (척)], [罒: 눈 (망)], [心: 마음 (심)] '눈을 뜨고 마음을 살피며 걷다.' 즉, 德은 '다가올 위험을 감지하는 것'을 의미하며 다가올 위험을 감지하는 것은 눈으로 또렷이 보고 마음으로 분명히 살펴야 한다는 말로 이는 눈보다 마음의 힘이 더 중요하다는 뜻으로 이로부터 '큰 품성을 지닌 마음의 역량'이라는 의미로 확장되었다고 한다.

위에서 살펴본 道와 德의 의미를 통해 '도덕'을 한마디로 정의하면 '인간으로서 지켜야 할 행위의 표준'이라고 할 수 있을 것 같다.

윤리

'윤리(倫理)'는 사람과 사람 사이의 관계를 규정하는 이치를 말한다. 倫을 분리하면 [亻: 사람 (인)], [亼: 모일 (집)], [冊: 책 (책)] '사람들이 모여 볼 수 있도록 책에 기록하다.' 즉, 倫은 '칭찬할 만한 행위를 기록하는 것'을 의미한다. 이는 사람과 사람 사이에서 지켜야 할 관계를 책에 기록했다는 뜻으로 인간관계의 질서를 의미하는 '인륜'이라는 의미로 확장되었다고 한다.

理를 분리하면 [玉: 구슬 (옥)], [里: 마을 (리)] 玉은 구슬 3(三)개를 실에 꿰어(丨)놓은 모양이고 里는 농토(田)를 중심으로 흙(土)을 쌓아 올려 줄줄이 집을 짓고 사는 모양으로 옥은 줄줄이 늘어선 마을과 같이 땅속 깊은 곳에 있다는 뜻으로 옥의 결을 따라 가공해야 비로소 옥을 아름답게 다듬을 수 있어 '다스리다'라는 의미가 발생했고 바로 여기서 '이치'라는 의미로 확장되었다고 한다.

위에서 살펴본 倫과 理의 의미를 통해 윤리를 한마디로 정의하면 '사람과 사람 사이의 관계를 규정하는 이치'라고 할 수 있을 것 같다.

교육과정과 어원 등을 살펴보면서 '도덕'은 아직 자신만의 가치관이 불분명한 학생들에게 올바른 행위의 표준을 제시하는 것을 목표로 하고 '윤리'는 자신만의 가치관을 분명히 다져갈 학생들에게 어떤 행위가 옳은 것인지 정당화할 근거를 제공하는 것을 교육의 목표로 한다는 생각이 든다.

방편

'방편도덕(方便道德)'이라는 말이 있다. 여기서 '방편(方便)'은 산스크리트어 '우빠야(upāya)'를 한역한 말로 '어떤 목적을 이루는 방법이나 수단'을 가리킨다. 즉, 방편도덕은 '도덕 자체를 목적으로 생각하지 않고 뜻하는 어떤 일의 수단으로 다루는 도덕'을 뜻하는 방편과 도덕의 합성어로 볼 수 있다.

원래 부처님의 '방편'은 중생의 근기에 따라 각양각색이어서 '천만방편'이라고 부르는데 '방편'은 상대방이 '방편'인 줄 모르게 사용해야 한다고 한다. '방편'인 줄 알게 되면 그 '방편'은 술수(術數)가 되어버리기 때문이라고 한다.

깨닫지 못한 사람이 쓰는 '방편'은 술수가 되기 십상이라고 한다. 근기가 아직 성숙하지 못해 깊고 묘한 법을 받기 어려운 중생을 진리의 세계로 끌어들이는 수단으로서 권도(權道)로 설한 낮고 보잘 것없는 법문으로 이 경우, 권가(權假) 방편, 선교(善巧) 방편이라고 한다. 불보살도 사람들의 지혜가 어두웠던 시대에는 '방편'을 많이 사용했지만 지혜가 밝아진 시대에는 '방편'을 잘 쓰지 않고 직언직설(直言直說) 위주로 하게 되었다고 한다.

요즘 흔히 쓰는 말로 '임시방편(臨時方便)'은 항구적 방법이 아닌 잠깐 사용할 방안이나 방도를 말한다. 임시변통(臨時變通)도 비슷한 뜻으로 변통(變通)은 그때그때 상황에 맞게 융통성 있는 일 처리를 말한다. 즉, 일시적으로 상황에 맞게 융통성 있게 일을 처리하는 것을 임시변통이라고 할 수 있다.

그러므로 '임시방편'은 정상적인 상태를 갖출 여유가 없을 때 차선책으로 찾는 것이다. 요건을 충족시키기에는 충분하지 않지만 긴박한 상황에서는 차선책도 받아들여지고 다음에는 제대로 준비할 것으로 믿고 이해하는 과정이 선행될 때만 사용해야 한다. 그런데 '임시방편'으로 한 번 버텨내면 다음에도 '임시방편'이 '근본대책'보다 먼저 떠오르게 마련이다.

우리는 초등학교부터 중학교, 고등학교를 거쳐 사회에 나온 후에도 '도덕'과 '윤리'를 일상생활 속에서 늘 강조하고 익히고 다시 배우고 깨달으며 생활해오고 있다.

올 한 해 나 자신은 얼마나 많은 일을 '임시방편' 식으로 처리했을까 생각하니 반성이 앞선다. 무슨 일을 했더라도 '방편도덕' 식으로 '도덕' 자체를 목적으로 생각하지 않고 어떤 일의 수단으로 '도덕'을 근본에 세우지 않고 사고했다면 다가오는 새해부터는 다시 한 번 '도덕'과 '윤리'를 생활의 근본이자 중심으로 삼아 무슨 일을 해 나갈 때 '임시방편' 식이 아닌 깊은 사고와 고민을 통해 '근본대책'을 세우고 '도덕'을 최고의 기본 중심으로 사고하고 실천하겠다고 다짐해본다.

진정한 리더라면 그런 의미에서도 '도덕성'이 최우선이다. 이것을 바탕으로 '자율성'과 '책무성'을 자각하고 끝없는 '전문성' 신장과 조직의 효율성을 높일 나만의 '창의성'을 갖춘 선한 영향력을 발휘하는 리더가 되도록 노력하자.

2

생활 속 해독(Detox)을 실천해 생활 활력을 회복하라

해독(디톡스)

디톡스는 몸속 독소를 없애는 것을 말한다. 수많은 자연의학자와 대체의학자들은 디톡스를 통해 활력이 증진되고 전보다 젊게 보이고 정신이 맑아지고 질병과 비만을 예방할 수 있다고 주장한다.

현대인들의 웰빙(Wellbeing) 욕구에 맞추어 수많은 디톡스 요법이 나왔지만 그중 가장 효과적인 디톡스 방법은 자신에게 적합한 방법과 적절한 강도를 선택해 실행하는 것과 함께 뭐니 뭐니해도 역시 운동이 최고라고 생각한다.

디톡스는 영어 Detoxification을 한글 그대로 읽은 것으로 '반대'를 뜻하는 de와 '중독'을 뜻하는 toxification을 붙여 중독을 없앤다는 의미로 사용되는데 특정 음식에 특별한 효과가 있다고 근거 없이 믿고 실천하는 유사 개념으로도 종종 사용되었다.

잦은 음주, 과식, 피로, 스트레스가 계속 쌓이면 영양분 흡수를 방해하고 변비, 콜레스테롤 혈증, 지방간을 부르고 심하면 만성 성인병의 원인이 되기도 한다. 그래서 평소 디톡스를 통한 건강관리가 이런 질병 예방에 필요하며 수많은 디톡스 방법 중 대표적인 3가지는 다음과 같다.

1. 단식법

음식을 전혀 섭취하지 않고 장기들을 쉬게 하면서 자연스럽게 해독시키는 방법이다.

2. 절식법

절식법으로는 레몬 디톡스, 효소 디톡스 등이 있는데 단식법과 달리 소량의 영양소를 섭취해 안전하다고 하지만 우리 몸에 필요한 6대 영양소 중 1~2가지만 섭취하므로 이것도 3일 이상 안 하는 것이 바람직하다.

3. 소식법

장기간 꾸준히 적게 먹으면서 체내에 쌓인 독소를 제거하는 것으로 가장 안전하고 좋은 방법이지만 오랜 시간이 필요하므로 철저한 계획과 끈기가 필요하다.

그동안 여러 가지로 고생했을 지친 몸을 해독하고 활력을 다시 찾기 위한 '생활 속 해독' 실천법을 소개한다.

1. 하루 중 활동량이 가장 많은 아침시간에 아침식사는 간단하게라도 꼭 섭취하자.
2. 식사할 때는 섬유질 위주의 식단으로 소식을 생활화하자.
3. 일상에서 자연스럽게 디톡스 효과를 보려면 평소 물을 많이 마시는 습관을 갖자.
4. 땀이 날 정도의 규칙적인 운동과 반신욕을 생활화하자.
5. 평소 규칙적인 배변습관으로 노폐물 제거에 도움이 될 용변 패턴을 갖자.
6. 스트레스를 조절하고 신체기능도 살아나고 강화되는 명상을 생활화하자.

우리 자신이 평소 생활습관을 잘 조절해 독소 배출과 노폐물 제거에 도움이 될 수 있는 '생활 속 해독(디톡스)'을 실천해 새로운 활력을 찾아나가길 바란다.

3

화는 적게, 웃음은 많이

소욕다시(小慾多施)

욕심을 버리고 남들에게 베풀어라. 법구경(法句經)에 욕심이 죄를 낳고 죄가 장성하면 사망을 낳는다고 했다. 그뿐만 아니라 욕심이 많으면 건강까지 해친다.

조선시대 명의 허준이 쓴 『동의보감』에서 건강·장수에 대해 약보(藥補)보다 먹는 식보(食補)가 낫고 식보(食補)보다 걷는 행보(行步)가 낫다고 했다.

'누죽걸산'은 "(누)으면 (죽)고 (걸)으면 (산)다"의 줄임말로 '와사보생(臥死步生)'과 유사한 뜻의 신조어다.

'묘서동처(猫鼠同處)'는 "고양이와 쥐가 함께 있다."라는 뜻으로 당나라 역사를 기록한 『구당서(舊唐書)』에 등장하는데 당시 지방의 한 군인이 자신의 집에서 고양이와 쥐가 같은 젖을 빨고 서로 해치지 않는 모습을 보고 상관에게 이를 보고하자 그 상관이 쥐와 고양이를 임금에게 바쳤는데 이를 본 관리들은 상서로운 일이라며 반겼지만 오직 최우보만 '실성한 일'이라며 한탄했다고 한다.

쥐는 곡식을 훔쳐 먹는 도둑이고 고양이는 쥐를 잡는 천적이어서 함께 살 수 없는 존재인데 서로 한 무리를 형성해 곳간을 터는 한패가 된 세태를 비판해 경계한 것이라고 한다.

'심모원려(深謀遠慮)'는 전한시대 최고의 천재 유학자 가의(賈誼)가 천하통일을 이룬 진나라가 15년 만에 망한 원인을 분석한 『과진론(過秦論)』에 등장하는데 진시황의 진나라가 천하통일을 이룬 비결은 '깊은 계책과 원대한 생각, 행군하고 용병하는 방법이 지난날의 책사와 비교할 바 없이 뛰어났기 때문(深謀遠慮, 行軍用兵之道, 非及曩時之士也)'이라고 한 데서 유래했다.

'인무원려 필유근우(人無遠慮 必有近憂)'는 공자의 말로 "사람이 멀리 생각하지 않으면 근심이 반드시 가까이 있다."라는 뜻이다.

1. 욕심과 베품(소욕다시)
2. 건강과 걷기(누죽걸산)
3. 공생과 견제(묘사동처)
4. 원대한 생각(심모원려)

이것들의 의미를 다시 생각해본다.

'소노다소(少怒多笑)'
'소언다행(小言多行)'

"화는 적게, 웃음은 많이"
"말은 적게, 행동은 많이"

나 자신과 이웃을 돌아보는 아침이다.

4

수한무 거북이와 두루미다

구구팔팔

"99세까지 팔팔하게 살자."라는 뜻이다.

고사성어 '소견다괴(少見多怪)'는 원래 견식이 얕은 사람을 비웃는 말이다. 도가의 고전 『포박자(抱朴子)』의 "본 것이 적으면 괴이하게 여김이 많은 것은 세상의 흔한 일이다."라고 한 데서 유래했다.

동서고금을 막론하고 모든 사람은 불로장생을 소망했다. 이집트 박물관에 소장된 『사자(死者)의 서(書)』에는 "나는 현재이며 과거이며 또한 미래다. 끝없이 되풀이되는 탄생을 거듭할 때마다 나는 더 젊고 활기차게 변해 간다."라고 적혀 있는데 그 내용도 '신선 사상'이다.

『포박자』는 4세기 무렵 동진의 학자이자 신선 지망생이던 갈홍이 쓴 도교 서적으로 제목인 포박자는 '박(朴)을 안은 사람'이라는 뜻으로 박(朴)은 노자 철학에서 인간이 손대지 않은 자연의 순수성을 대표하는 말로 잘 쓰이는 동시에 저자로 알려진 갈홍의 도호다.

내편 20편, 외편 50편으로 이루어져 있으며 그 첫 부분인 내편에는 갈홍의 연단술에 대한 견해가 적혀 있는데 금단(金丹)이라는 비금속을 황금으로 바꾸는 물질을 만드는 법, 방중술, 특이한 식이요법, 호흡과 명상법 등을 소개하고 있다.

뒷부분인 외편에서는 올바른 인간관계를 위한 윤리적 원칙의 중요성을 강조하면서 당시 만연해 있던 쾌락주의를 비판하는 내용을 담고 있다.

제1장. 신선이란 무엇인가?
제2장. 인간은 죽음을 초월할 수 있는가?
제3장. '불로불사(不老不死)' 약은 있는가?
제4장. 누구나 영원히 살 수 있는가?
제5장. 신선이 될 수 있는 묘약은?
제6장. 당신도 신령과 통할 수 있는가?
제7장. 개인은 숙명적인 운명을 타고 나는가?

당시 『포박자』는 진나라 이후 인간이 생명의 영원성을 갈구하면서 수도자, 부유층, 고관대작들이 어렵게 구해 탐독하던 귀서(貴書)였다.

'사명신'은 인간의 생명을 관장하는 신이라고 한다. 인간이 마음으로 죄를 지으면 '산'이라고 해 생명을 3일 감하고 행동으로 죄를 지으면 '기'라고 해 300일 감한다고 한다.

그러면 우리는 어떻게 해야 신선이 될 수 있는가?

『포박자』에 의하면 '보정(寶精: 정기를 보전함)', '행기(行氣: 숨결을 잘 통하게 함)', '한 알의 대약(大藥) 먹기' 3가지를 행해야 한다고 한다.

우선 보정은 우리가 어느 정도 욕망을 누리되 그것을 적당히 절제해 음양이 서로 조화되도록 함으로써 타고난 원기를 보호해야 한다는 것이다.

행기는 기(氣)를 운행하게 하는 것으로 여기서 기는 흔히 우리가 들이마시는 공기가 아니라 선천적으로 혼합된 진정한 기를 말한다. 그리고 행기하는 방법은 코로 들이마셔 내뿜는 양이 들이마시는 양보다 적게 하는 것으로 이렇게 천천히 하다 보면 숨 쉬는 감각이 없어져 어느새 순수한 자연의 경지에 도달한다는 것이다.

하지만 보정이나 행기는 우리 수명을 연장시킬 뿐이고 신선이 되는 방법은 3가지 대약을 따로 먹는 것이다. 하급 약은 병을 치료할 뿐이고 중급 약은 양성(養性: 재능을 키워줌)하는 데 그쳐 오직 상급 약으로만 '장생불사(長生不死)'할 수 있다는 것이다.

『포박자』는 인간이 얼마든지 신선이 될 수 있다는 것을 이론적으로 증명해 사람들에게 구도(求道)의 믿음을 불어넣어 주었다. 또한, 미신타파를 위해 도기(導氣: 기를 모아 끌어들이는 것)와 연금설(鍊金說: 질이 낮은 금속으로부터 귀금속이나 불로장생약까지 만들 수 있다는 이론)을 제시했으며 선인(仙人)은 착한 일을 행해야만 추구하는 경지에 도달하고 이것이 부족하면 선약을 아무리 많이 먹어도 효과가 없다고 주장했다.

이렇게 해 도달하는 신선에는 다시 3가지가 있다고 한다. 가장 높은 자리에 있는 선인(仙人)은 하늘로 올라가 천관(天官: 하늘을 다스리는 최고 자리)이 되고 그다음 선인은 곤륜산(중국 전설에 등장하는 신성한 산)에 가 불로장생하고 세 번째 선인은 인간세계에 영원히 남아 천년 넘게 산다고 한다.

우리가 '삼천갑자 동방삭'을 외치며 장수를 기원했던 코미디 프로그램을 기억하며 경제불황으로 힘든 요즘 모두의 건강을 기원하며 주문(이름)을 외쳐본다.

1. 수한무(수명이 무한함)
2. 거북이와 두루미(십장생)
3. 삼천갑자 동방삭(삼천갑자를 살았다는 중국의 동방삭)
4. 치치카포 사리사리센타(아프리카의 최장수자라는 설정의 가상인물)
5. 워리워리 세브리깡(위 인물이 복용했다는 약초 '무두셀라')
6. 무두셀라(향년 969세로 성경 인물 중 가장 오래 산 사람)
7. 구름이 허리케인 담벼락('쥐의 사위 삼기' 설화에 등장하는 사위 후보들이다)
8. 서생원 고양이 바둑이(이야기가 무한 루프로 이어지는 점에 착안한 이름)
9. 돌돌이(그 동네에서 가장 힘센 개 이름 또는 위의 바둑이 이름)

5

삶의 유한함을 깨닫고
지금 내 삶을 사랑하자

夜半無人私語時 깊은 밤에 아무도 모르게 속삭였던 말
在天願作比翼鳥 하늘에서는 비익조(比翼鳥)가 되고
在地願爲連理枝 땅에서는 연리지(連理枝)가 되기를 원하였네.
天長地久有時盡 무한한 하늘과 장구한 대지도 다할 때가 있으련만
此恨綿綿無絶期 이 한은 면면히 끊길 날 없으리.

'장한가(長恨歌)' - 백거이 -

'비익조(比翼鳥)'는 위의 당나라 시인 백거이의 '장한가'에서 현종과 양귀비의 사랑을 비유해 노래한 가사에 등장한다. 비익조에서 비(比)는 '나란히 하다', 익(翼)은 '날개', 조(鳥)는 '새'로 즉, 서로 날개 짝을 맞추어 날아가는 새라는 뜻이다. 이 새는 실재하는 동물이 아닌 상상 속 새다. 날개와 눈이 하나뿐이어서 짝을 짓지 않으면 제대로 볼 수도 날 수도 없다.

반면, 불교 경전 『불본행집경』과 『잡보잡경』을 보면 '공명조'라는

새가 있다. 새의 한 머리는 낮에 일어나고 다른 머리는 밤에 일어난다고 한다. 한 머리는 몸을 위해 항상 좋은 열매를 챙겨 먹었는데 이에 질투를 느낀 다른 머리가 화가 나 어느 날 갑자기 독이 든 열매를 몰래 먹었고 운명공동체인 두 머리 모두 죽음을 맞이했다고 한다.

'비익조'와 '공명조'를 보며 지금처럼 힘든 현실에서 우리는 '공유'와 '공감'이라는 선택을 통해 '공생'의 의미를 다시 한번 생각해보길 바란다. 내 곁의 무엇이 소중한지 모를 때 우리는 '비익조의 공생'이 아닌 '공명조의 공망'의 길을 걸을 것이 분명하다.

서로 위 '장한가'의 한 구절처럼
天長地久有時盡
此恨綿綿無絶期
현실과 삶의 유한함을 깨닫고
지금 내 삶과 서로를 사랑하자.

6
모든 것은 다 지나간다

"모든 것이 협력해 선을 이룬다."

어떤 일을 끝낼 때 마지막에 하는 일을 '마무리'라고 한다. 주장하는 글의 끝을 맺는 부분도 '마무리'라고 하는데 이렇게 주장하는 글의 마무리는 '결론'이라고도 한다. '갈무리'는 물건을 잘 정리하거나 보관하는 것을 뜻한다. 비슷한 말로 '저장'을 쓸 수도 있다. 주로 '갈무리하다', '갈무리되다'와 같이 쓰인다. 순우리말인 '맺음말'은 말이나 글의 끝을 맺는 부분을 뜻한다. '끝냄'이라는 뜻의 '맺음'과 '말'이 합쳐져 '끝내는 말'이라는 뜻으로 쓰인다.

'디저트'는 프랑스어로 '식사를 끝내다', '식탁을 치우다'라는 뜻이다. 식사 끝에 나오는 음식인 '디저트'는 후식이다. 영어 'finish'는 무슨 일을 '끝내다'라는 뜻으로 쓰인다.
We should finish strong.(마지막 힘을 다하고 끝내자.)

한자 '유종의 미(有終-美)'는 시작한 일을 잘 끝맺은 좋은 결과라는 뜻이다.

finale(피날레)는 오페라의 한 막이나 장의 마지막 절정 부분으로 오페라의 피날레는 독창보다 여러 명의 출연자가 함께 노래하는 앙상블을 보통 포함한다.

모차르트의 마지막 교향곡 '주피터(Jupiter)'(1788)에서 시작해 베토벤의 수많은 작품에서 최고 표현성에 도달한 피날레는 이전에는 첫 악장에 주어졌던 구조적 중요성까지 갖게 되어 단순한 종결로서가 아닌 대규모 기악곡에서 궁극적인 주제의 해결까지 포함하게 되었다.

'시작과 끝'을 표현하는, 흔히 쓰는 사자성어로 다음과 같은 말들이 있다.
'사유종시(事有終始)' 모든 일에는 시작과 끝이 있다.
'유시유종(有始有終)' 처음도 있고 끝도 있다는 뜻으로 일을 끝까지 마무리하다.
'종시여일(終始如一)' 처음부터 끝까지 변함없이 한결같다.
'신종여시(愼終如始)' 끝을 신중히 하는 것을 처음처럼 하다.

우리는 무슨 일이든 잘 끝마치고 싶다면 "긍정적으로 시작하고 끝까지 열정을 다해야 한다"라고 생각한다. 즉, '유종지미'를 위해서는 '종시여일'해야 한다는 것이다. 우리 삶은 사실 단락이 있어 보이지만 '인연'을 따라 무한 반복하는 순환 과정이다.

어제의 내가 한 일이 다른 사람에게 영향을 미치고 그것이 오늘의 내게 파급되어 내일로 이어지는 것과 같다. 그러니 "시작과 끝은 이어진 하나다."라는 생각에 '시종불이(始終不異)'라고 생각해본다.

마치 뫼비우스의 계단처럼 삶은 시작도 끝도 없는 과정일 뿐이고 그 과정은 '인연'으로 이어지니 선한 마음과 선한 행동으로 올해 남은 날들 동안은 누구와도 악연을 맺지 말고 더 좋은 '인연'으로 '행복한 만남의 시간'으로 잘 마무리해야겠다는 생각이 든다.

"모든 것은 다 지나간다."
"모든 것이 협력해 선을 이룬다."

7

'작심삼일'은 하지 말아야 한다

계포일낙(季布一諾)

'계포(季布)가 한 번 한 약속(約束)'이라는 뜻으로 초(楚)나라 시절 계포가 한 번 승낙(承諾)한 일은 반드시 실행(實行)해 약속(約束)을 잘 지킨 데서 유래했으며 '틀림없이 승낙함'을 뜻하기도 한다.

계포는 무슨 일이든 자신이 '좋다'라며 한 번 내뱉은 약속은 반드시 지켰다. 항우(項羽)와 유방(劉邦)이 천하(天下)를 걸고 싸울 때 계포는 초나라 대장이 되어 유방을 여러 번 괴롭혔는데 한(漢)나라가 천하통일을 이루자 쫓겨 다니는 신세가 되었다. 그러나 그의 성품(性品)을 잘 아는 자가 그를 밀고하기는커녕 그를 유방에게 천거(薦擧)해 사면시킨 후 벼슬까지 얻게 했다.

其習不長 공부가 짧은데도
而喜顯名 이름나기를 좋아한다면

及躬汚 몸에 욕이 미칠 것이요.
是故 그러므로
孩提益詩書 어려서는 공부를 많이 할 것이며
長勿懶人佑 어른이 되어서는 남을 도와주기를 게을리하지 말라.

 송나라 시인 황정견이 남긴 말이다. 여기서 '해제익시서(孩提益詩書)'는 계포의 '해제잠(孩提箴)'에서 유래했다.

"계포는 어릴 때 밑바닥 인생이었다. 태어날 때부터 가난하고 공부까지 안 했으니 옳고 그름을 배우지 못해 어릴 때 도둑질로 먹고살고 빼앗아 생존해야만 했다. 그러다가 결국 진나라 법률에 따라 사지를 찢어 죽이는 형벌로 수배령을 받고 쫓기는 신세가 되었다. 그의 나이 17세 때의 일이다. 그는 복건에서 엄청난 거리인 태항산까지 도망갔는데 거기서 만난 도인 행산노야자의 가르침으로 큰 깨달음을 얻었다."

이에 계포는 열심히 공부하면서 2가지를 다짐했다.

첫째. 말한 것은 반드시 지킨다.
둘째. 첫 번째 다짐을 잊지 않는다.

언제부터인가 초나라 사람들 사이에 "황금 백 근을 얻는 것보다(得黃金百斤) 계포의 승낙을 한 번 얻는 것이 낫다(不如得季布一諾)."라는 말이 유행처럼 번졌고 훗날 '계포일낙(季布一諾)'이라는 말이 되었다.

사람만 약속을 하고 산다. 공자는 "신(信)을 앞세워 믿음이 깨지면 그 사회는 무너진다."라고 주장했다. 약속을 지키지 않을 때 불신이 깊어지고 그 사회는 병이 깊어지게 마련이다. 사람은 약속을 지킬 때 아름답다. 사람들은 '계포일낙'을 간단히 줄여 '계낙', '금낙(金諾)'이라고 불렀고 '틀림없이 알았다'라는 뜻으로 쓰고 있다.

당대(唐代) 위징(魏徵)의 술회시(述懷詩)에 다음과 같은 문장이 등장한다.

季布無二諾 계포는 한 약속을 거듭하는 일이 없고
侯瀛重一言 후영은 약속한 한마디 말을 중히 여긴다는데
男兒一言重千金 오늘날 '남아일언중천금'에 해당한다.

요즘 정치인들은 눈만 뜨면 입으로 약속을 남발한다. 지키지 못할 것을 뻔히 알면서 약속하는 것은 당장의 곤란함을 피하려는 미봉책이거나 쓸데없이 선심을 쓰는 경우가 대부분이다. '약속 불이행'은 "약속이 아닌 거짓말이다."

탈무드에서는 "아이에게 뭔가 약속을 했다면 반드시 지켜라. 지키지 않으면 당신은 아이에게 거짓말하는 것을 가르친 것이 된다."라고 했다. 신뢰 구축의 기초는 한 번 약속한 것을 지키는 것이다. 약속하기는 쉽지만 지키기는 어려운 법이다. 새해에는 '작심삼일'하지 않겠다고 다시 다짐해본다.

8

인사가 만사다

신언서판(身言書判)

이 말은 당 태종이 기득권 세력을 견제하고 인재를 널리 등용하기 위해 실시한 과거제도가 천자의 권한을 강화하고 인재를 얻는 일거양득 효과가 있자 과거제도를 엄격히 실시해 천하의 많은 인재를 얻었고 이때 당 태종이 과거에 급제한 인물들을 바로 등용하지 않고 '신언서판'이라는 4가지 선정기준을 마련해 인물됨을 평가한 후 관리로 등용한 데서 유래했다.

신(身)은 외모, 언(言)은 언변, 서(書)는 글씨, 판(判)은 판단력을 말한다. 오늘날 시점에서도 과거의 '신언서판'이 유용한 기준인지 다시 생각해봤다.

신(身)은 정신과 육체가 건강한 사람, 자기관리를 철저히 하는 것으로 기준이 바뀌길 바란다. 언(言)은 '교언영색(교묘한 말과 아첨하는 얼굴빛)'을 경계한 공자의 말처럼 번지르르 말만 잘하는 사람보다 설득과 소통, 곡진하게 대화하는 사람으로 기준이 바뀌길 바란다. 서(書)는 자신의 생각을 조리 있게 쓰는 능력, 메모하고 기록하는 습관을 가진 사람으로 기준이 바뀌길 바란다. 판(判)은 단순한 판단능력에서 위기관리능력, 타이밍을 놓치지 않는 현명함으로 기준이 바뀌길 바란다.

즉, 오늘날 새로운 인재의 기준으로

1. (신심) 자기관리 능력
2. (논리적, 공감적) 소통능력
3. (문제해결) 창의적 메이킹 능력
4. (상황별) 리더십 발휘 능력

이 4가지 능력을 갖춘 인재가 현시대에 적합한 인재상이라고 생각한다.

"인사가 만사다."

9

사심(私心)을 버리고
정심(正心)을 품자

"백의적군(敵軍)하지 말고 백의종군하라"

백두대간 총 도상거리 1,400km와 남한 701km 거리 중 남원 여원치(女院峙)-고남산(古南山, 846.8m) 구간은 고도가 가장 낮은 곳 중 하나다. 470m 높이의 여원치는 옛날부터 군사적 요충지였다. 전라도와 경상도를 잇는 큰 길목에 위치해 굵직굵직한 역사적 현장의 주 무대가 되었다. 여원치라는 지명은 태조 이성계가 지었다고 한다.

여원치에는 '이순신 장군 백의종군로' 안내문이 있다. 정유재란 발생 넉 달 전인 1597년 4월, 이순신 장군은 합천으로 백의종군하던 도중 여원치를 넘어 운봉읍에서 하룻밤을 보내고 권율 장군을 만나기 위해 구례로 방향을 바꿨다고 한다.

'백의종군'은 "흰옷을 입고 전쟁터에 나서다."라는 뜻이지만 흰옷은 관직이 없다는 뜻으로 조선시대에는 무관(武官)직의 징계 처분 중 하나였다. 무관이 전시나 위급한 상황에서 파직되었을 때 직무 중인 현 직위의 권한은 잃지만 전직 관료 신분으로 현직을 보좌케 하려는 처분이다.

이순신 장군은 여진족이 조선인 병사를 살해한 사건과 임진왜란 중 선조의 명을 어겼다는 이유로 두 번이나 백의종군했고 비록 직책은 없었지만 사심 없이 적에 맞서 싸워 후대에도 귀감이 되고 있다.

'선난후획(先難後獲)'

공자는 "솔선수범은 누구나 쉽게 말하지만 진정한 군자는 막상 어려운 일이 닥쳤을 때 말하고자 하는 바를 먼저 실천으로 옮긴 후 따르게 한다."라고 가르쳤다. 말만 번지르르한 사람에 대해서는 '교언영색 선의인'이라고 경계하며 옛사람들이 말을 함부로 하지 않은 것은 행동이 뒤따르지 못할 것을 부끄러워했기 때문이라고 말했다.

교육자로서 공직에 서서 언제나 사심(私心)을 버리고 어느 자리에 서든 정심(正心)을 품겠다고 나 자신에게 다짐해본다.

10

Know thyself(너 자신을 알라)

『뱀의 뇌에게 말을 걸지 말라』이 책은 인간이 가진 3개 뇌를 쉽게 설명하며 지금까지 밝혀지지 않았던 설득의 논리를 알려준다. 대화하거나 설득해야 할 상대방이 경계심을 품고 있다면 당신의 말을 신뢰하지 않을 것이다.

지난 수백만 년 동안 진화해온 뇌를 3가지로 분류했다.

1. 파충류(뱀)의 뇌: 즉각적인 행동과 반응, 위기감지
2. 포유류(쥐)의 뇌: 감정을 주관
3. 영장류(인간)의 뇌: 논리적 판단, 분석, 결정

영장류의 뇌는 스트레스를 받으면 힘을 잃는다. 몸의 주도권을 파충류의 뇌 즉, 원시적 기능에 내맡긴다. 마치 조종사 대신 뱀이 비행기를 조종하는 것과 같다. 엄청나게 화가 난 고객에게는 이미 파충류의 뇌가 조종하고 있어 논리적인 설득이 어렵다는 뜻이다.

'미러링'은 상대방의 갈망을 거울처럼 반영해 반응을 보이며 공감해주는 방법이다. 관심을 끌지 말고 관심을 보여라. 소크라테스는 누군가에게 뭔가를 절대로 설교하지 않았다. 상대방 스스로 대답을 찾아낼 때까지 질문을 던졌다고 한다. 공감을 얻고 있다는 느낌이 사람을 변화시킨다. 공감을 얻고 있다는 느낌을 주려면 상대방 입장에 서야 한다.

- 본문 내용 중에서-

경제불황으로 힘든 요즘 자신의 뇌에 화가 치밀고 마음속에 스트레스가 가득 차 있다면 상대방이 무슨 말을 해도 관심과 공감이 가지 않고 뱀의 뇌로 부지불식 간에 행동할 수 있다. 누군가를 설득하려고 자기 입장에서만 목소리를 높여 상대방의 뇌에 스트레스를 주지 말자. 지금은 누군가의 설득이 아닌 소크라테스의 말처럼 스스로 영장류로서의 뇌를 느끼며 조용히 삶의 진리와 정의를 향해 각자 답을 찾아야 할 때라고 생각한다.

"Know thyself(너 자신을 알라)."

11

악화를 몰아내고 양화를 구축하라

'백마비마(白馬非馬)'는 "백마(白馬)는 말(馬)이 아니다"라는 뜻으로 전국시대 공손룡(公孫龍)이 주장했다. "백마는 말이다"와 '희다'라는 개념이 합쳐진 개념으로 다른 말들인 흑마(黑馬), 황마(黃馬)에 포함되지 않은 고유하고 특수한 개념이어서 일반적인 개념의 말이 아니라는 뜻이다.

공손룡은 명분(名分)과 실(實)을 혼동하면 안 된다고 설파한 것이다. '말'이라는 명분이 있으면 거기에 실(實)을 얻기 위해 '희다'를 넣으면 '백마'가 되어 원래 추구하던 '말'과 달라진다는 뜻이다.

양아치는 대부분 억지, 덮어씌우기로 양 머리를 걸어놓고 개고기를 파는 양두구육(羊頭狗肉) 즉, 겉으로는 좋은 명분을 내걸었지만 알고 보면 실속 없이 졸렬한 짓을 일삼는 자다. 요즘도 궤변으로 양아치 짓을 하는 자를 보면 "악화(惡貨)가 양화(良貨)를 구축(驅逐)한다"라는 '그레샴의 법칙'이 지금도 적용되고 있어 '사필귀정' 현상을 찾아볼 수 없어 안타깝다.

하지만 우리는 무슨 일이든 문제의 원인을 남 탓으로 돌리지는 말자. 악화가 양화를 밀어내는 현상을 남 탓만 하고 원망만 하는 것은 더 이상 아닌 것 같다. 양화, 양인을 더 많이 생산하지 못하는 요즘 코로나19로 지친 우리 자신이 문제이고 양인(良人)마저 악인에게 자리를 쉽게 내주는 나의 정신적 허약함이 문제인 것 같다. 양화가 제 구실을 한다면 악화는 스스로 역사의 현장에서 퇴출당할 것이 분명하다는 신념을 갖자.

궤변에 현혹되지 말고 자신의 정도를 걷고 삶의 흘린 땀이 공정한 결과를 가져온다는 사필귀정의 순리에 의지해 요즘 코로나19로 지친 나 자신의 내면 회복과 현실문제에 대한 통찰력을 키워 악화를 몰아내고 양화를 구축해 나가자.

12

자신의 '아비투스'에 자부심을 갖자

'아비투스(Habitus)'는 프랑스 철학자 부르디외가 처음 제시한 개념으로 사회문화적 환경에 의해 결정되는 제2의 본성, 즉, 타인과 나를 구별짓는 취향, 습관, 아우라를 말한다.

『HABITUS』(도리스 메르틴 저)라는 책에서 아비투스가 삶, 기회, 지위를 결정한다면서 심리자본, 문화자본, 지식자본, 경제자본, 신체자본, 언어자본, 사회자본 즉, 인간의 품격을 결정짓는 7가지 자본을 설명해준다. 모두 한 번쯤 생각해본 것들이고 사람을 판단하고 다시 한번 자신의 삶을 되돌아보게 해주는 요소 같다.

비슷한 사람끼리 어울린다고 생각할 수 있다. 이 책은 비슷한 사람을 판별하는 방법을 바로 '아비투스'라고 본 것이다. 자신의 부족한 점을 알고 자신을 돌아보고 다음 단계로 향하는 방법을 생각해볼 수 있는 내용 등으로 읽어볼 만했다. 언제 어디서나 새로운 경험과 새로운 만남을 통해 우리는 삶의 변화를 꿈꾼다. 누구와 어울려 어떻게 살아가느냐의 문제는 어떤 자본의 소유 문제라기보다 궁극적인 열쇠는 우리 자신의 손에 있다고 생각한다. 우리 자신의 '아비투스'에 자부심을 갖고 나다운 품격의 성숙자본을 바탕으로 더 멋진 사람들과 시절 인연을 만들어 나가며 나만의 멋진 추억을 꾸준히 심어나가고 싶다.

13

내면을 보고 싶어도 외면을 본다

중국 『춘추좌씨전(春秋左氏傳)』에 '우이효지(尤而效之)'라는 말이 있다. "남의 잘못을 나무라면서 자신도 그 잘못을 따라한다"라는 뜻이다. 춘추시대 진(晉)나라 문공(文公)은 계모의 박해를 피해 외국을 떠돌다가 19년 만에 고국으로 돌아와 군주의 자리에 올랐다.

군주의 자리에 오른 문공은 19년간 방랑하는 동안 자신을 도와준 신하들에게 큰 상을 내렸다. 하지만 정작 공이 가장 컸던 개지추(介之推)는 겸손해 자신의 공을 내세우지 않아 상을 받지 못했다. 개지추는 공도 없으면서 상을 받은 신하들에게 화가 나 "우리 주인이 군주의 자리에 오른 것은 하늘의 공이다. 그런데 이 자들은 자기들 공이라고 말하니 이것은 남을 속이는 짓이다. 아랫사람들은 공을 가로채고 윗사람은 상을 내리니 이런 사람들과는 함께 살 수 없다."라고 말했다. 이에 개지추의 어머니가 "너도 상을 달라는 게 어떻겠느냐?"라고 묻자 개지추가 대답했다. "잘못을 탓하면서 본받는 것은 더 큰 죄입니다."

세상이 싫어진 개지추는 어머니와 함께 산 속에 숨어 살기로 했다. 뒤늦게 잘못을 깨달은 문공이 개지추를 찾았지만 끝내 찾지 못했다. 즉,『춘추좌씨전』의 '우이효지(尤而效之)'는 남의 잘못을 나무라놓고 자신도 똑같은 잘못을 저지르는 것을 비유한 말이다.

매일 우리는 한 번 이상 자신의 모습을 보기 위해 거울 앞에 선다. 내면을 보고 싶어도 외면을 본다. 숲을 본 사람에게 나무만 보고 나무란다. 내 '관점'을 바꾸는 확장된 사고를 키우려는 노력이 필요하다.

"비 온 뒤 땅이 더 굳는다." 비가 오면 땅이 질척거리지만 비가 그치면 더 단단해지듯이 힘들고 어려운 일을 겪고 나면 경험이 되고 역량이 늘고 더 강해진다는 의미처럼 힘든 상황이 계속되는 만큼 반복적인 일상에 지친 요즘 힘이 되는 한마디를 생각해본다.

14

진정한 선은 흐르는 물과 같다

물에서 깨닫는 삶의 지혜

노자는 도(道)의 세계를 물에서 찾았다. '상선약수(上善若水)'는 '중국의 성인'으로 불리는 노자가 쓴 『도덕경』에 나오는 말이다. 인생을 가장 아름답게 살아가는 것 중 하나는 물처럼 사는 것이라는 말이다.

물이 가진 7가지 덕목

1. 낮은 곳으로 흐르는 '겸손'
2. 막히면 돌아가는 '지혜'
3. 혼탁한 물마저 받아주는 '포용력'
4. 어떤 그릇에도 담기는 '융통성'
5. 바위마저 뚫는 '인내'
6. 폭포도 두려워하지 않는 '용기'
7. 유유히 흘러 결국 바다를 이루는 '대의'

'물'의 관용적 표현은 다음과 같다.

1. 물로 보다: 하찮게 보거나 쉽게 생각할 때
2. 물 건너가다: 더 이상 돌이킬 수 없어 이루기 어려워졌을 때
3. 물쓰듯 하다: 물건을 함부로 쓰고 낭비할 때
4. 물타기: 정치권 등에서 본질을 외면하고 논점을 흐리는 행위를 할 때
5. 물먹었다: 기자들 사이에서 특종 기사를 놓쳤을 때
6. 물에 물 탄 듯 술에 술 탄 듯: 태도가 흐릿하고 불분명한 것을 비꼴 때

특히 '5. 물먹었다'는 물에 빠졌을 때 '물을 먹는 것'에서 유래한 것으로 보통 물에 빠진 사람을 건져낸 후 맨 먼저 물을 먹었는지 확인하는데 물을 많이 먹었다면 사태를 심각하게 보고 그것은 마시고 싶어 마신 것이 아니라 자신의 의지와 상관없이 어쩔 수 없이 먹은 것이므로 다음과 같은 관용적 의미를 가진다.

1. 골탕 먹다(먹이다)
2. 속다
3. 시험에 낙방하다, 자리에서 물러나다, 곤란을 겪다

중복인 오늘 너무 더워 나도 '순리'대로 물을 많이 먹었다. 그런데 혹시 내가 누군가에게 '역리'로 물을 먹인 적은 없었는지 순간적으로 되돌아보았다.

물의 참 진리는 '순리(順理)'다. 그것을 거스르고 왜곡하려는 인간의 욕심이 부른 '역리(逆理)'가 문제라고 성찰해본다. 순리를 저버리면서까지 욕심을 내 누군가에게 '물 먹이는' 행동은 절대로 하면 안 된다는 것을 명심하자.

15

매사 자기관리가 필요하다

월드컵 경기 시청을 즐기느라 잠을 설친 아침이어서 건강식으로 가볍게 시작한다.

과유불급(過猶不及)

매사 자기관리가 필요하다. '과유불급'은 "지나침은 모자람과 같다"라는 뜻으로 잘 알려진 고사성어 중 하나다. 이 말은 『논어』의 '선진' 편에 실려 있는데 제자 자공이 공자에게 "자장과 자하 중 누가 더 현명합니까?"라고 묻자 공자는 "자장은 지나치고 자하는 부족하다."라고 대답했다. 이에 "그러면 자장이 더 낫습니까?"라고 다시 묻자 공자는 이렇게 대답했다. "지나침은 모자람과 같다."

이 고사에는 공자 외에 제자 3명이 등장한다. 자공은 언변에 뛰어나 공자의 탁월한 제자 10명을 뜻하는 '공문십철(孔門十哲)'에 속하는 제자로 세속적 능력이 뛰어나 훗날 높은 지위에 오르고 큰 부를 쌓았지만 안타깝게도 학문과 수양이 부족해 군자가 되기에는 부족하다는 꾸중을 공자로부터 들었다고 한다.

빠른 성공과 출세를 원해 남과 자신을 항상 비교하는 마음이 있었다는데 『논어』 '헌문' 편에서 공자는 항상 남들과 비교·평가하는 자공에게 이렇게 가르쳤다고 한다. "자공아! 너는 현명한가 보다. 나는 바빠서 그럴 겨를이 없구나."

다음은 자공이 예로 든 자하와 자장 공자의 제자들이다. 먼저 '지나침'을 지적받은 자장은 능력이 있고 적극적인 성품이지만 수양이 부족하고 의욕이 지나친 면이 있었다고 한다. 그래서 함께 수학하던 동문으로부터 지탄을 받는 경우가 많았는데 『논어』 '자장' 편에서 자유는 "나의 벗 자장은 어려운 일을 하는 데는 능하지만 아직 인(仁)하다고 할 수는 없다."라고 했다고 한다.

또한, 증자도 "당당하구나! 자장이여. 그러나 함께 인을 행하기는 어렵겠구나."라고 지적했다고 한다. 능력도 뛰어나고 적극적인 성품이지만 자신감이 지나쳐 공자가 추구하는 인의 정신, 즉 상대방을 배려하는 점이 부족했다고 한다.

한편, 자하는 학문과 문장에 뛰어나 역시 '공문십철'에 꼽히는데 『논어』를 보면 자하가 학문에 대해 한 말이 많이 실린 것으로 알려져 있다. 유명한 '박학독지 절문근사(博學篤志 切問近思)', 즉 "폭넓게 공부하고 뜻을 독실히 하며 절실히 묻고 가까운 곳에서부터 미루어 생각하라"라는 공부의 중요한 원칙도 자하가 한 말이라고 한다. 차분하고 신중한 성격으로 학문에서는 큰 진전을 이루었지만 안타깝게도 고지식하고 소극적인 면이 있었다는 것이다.

'과유불급' 고사에서도 보듯이 자공처럼 조금 지나친 것이 부족함보다 낫다고 생각할 사람이 많을 것 같다. 그러나 기준에 도달하지 못한 것보다 억지로라도 초과 달성한 것이 좋게 보일 수는 있지만 공자는 궁극에 과하지도 부족하지도 않은 적절함이 있어야 한다고 가르치고 있다. 이것이 바로 '중용(中庸)의 도'다.

그래서 공자는 자하에게 "군자와 같은 선비가 되어야지 소인과 같은 선비가 되어선 안 된다."라고 지적한 것일 것이다. 공부에만 파묻혀 인간관계를 등한시한다면 폭넓고 당당한 사람이 될 수 없다는 가르침으로 결국 공자는 두 제자 모두 '중용의 도'에 미치지 못하는 것을 안타까워한 것이다.

'과유불급'과 '중용의 도'를 생각하며 자기관리에 더 철저해야겠다고 생각한다.

16

'자기성찰(自己省察)'부터 먼저 하라

생각 하나.
목불견첩(目不見睫): 자기 눈으로는 눈썹을 보지 못한다(남의 허물은 잘본다)

-『한비자(韓非子)』 유로(喩老)편-

춘추시대 초나라 장왕(莊王)이 월(越)나라를 정벌하려고 하자 신하였던 두자(杜子)는 이렇게 간언했다. "신은 어리석지만 사람의 지혜는 눈과 같아 능히 백 걸음 밖을 내다볼 수는 있지만 가까이 있는 자기 눈썹은 보지 못합니다."

생각 둘.
성경에도 "어찌하여 형제의 눈 속에 있는 티는 보고 네 눈 속에 있는 들보는 깨닫지 못하느냐? 보라! 네 눈 속에 들보가 있는데 어찌하여 형제에게 말하기를 네 눈 속에 있는 티를 빼내라고 하겠느냐?

외식하는 자여! 먼저 네 눈 속에서 들보를 빼내라. 그 후에야 밝혀 보고 형제의 눈 속에서 티를 빼리라."-마태복음 7:3~5-

생각 셋.
"똥 묻은 개가 겨 묻은 개 나무란다"라는 속담이 있다.

김수환 추기경 "내 탓이오."

법정 스님 '무소유'

두 분의 말씀은 모두 자신의 이익을 위한 언어가 아니라 먼저 자신을 비우는 언어(말씀)라고 생각한다.

17

자신의 고정관념(固定觀念)을 버려라

『레오나르도 다 빈치의 두뇌사용법』이라는 책에서 어떤 곡예단이 공연을 하는데 벼룩 수백 마리가 유리상자 안에 있다며 이놈들은 유리상자의 덮개를 열고 "35cm 뛰어!"라고 외치면 정말 35cm 만큼만 정확히 뛰고 "40cm 뛰어!"라고 다시 외치면 이번에는 똑같이 40cm를 뛰어올랐다는데 모든 관중이 박수를 치며 벼룩이 그의 말을 정말 알아들은 것인지 놀랐다고 한다.

그러나 사실 이 공연에 등장한 벼룩들은 전문적인 훈련을 받았다. 그 훈련법은 매우 간단해 벼룩이 35cm만 뛰어오르게 하고 싶으면 35cm 지점에 투명 유리판을 놓아두기만 하면 되었다. 벼룩이 아무리 높이 뛰어올라도 결국 유리판에 부딪히고 이것이 수천수만 번 반복되면 벼룩은 본능적으로 자신을 보호하기 위해 이 높이에 적응했기 때문이라는 것이다. 그래서 공연할 때 유리판을 놓아두지 않아도 이 높이에 적응한 벼룩이 그만큼만 뛰는 원리를 이용했는데 이를 '유리판 효과'라고 부른다.

우리 인간의 사고의 한계도 이와 다르지 않을 것이다. 우리는 자신도 모르게 보이지 않는 수많은 유리판 때문에 자신의 사고의 한계를 느끼며 살아갈 수밖에 없기 때문이다. 나는 그것이 바로 자신의 '고정관념'이라고 생각한다.

요즘 일선 학교 현장이 위기라고 흔히 말한다. 학생들에게 획일적이고 일방적으로 강요하는 교사들의 '고정관념'에서 나오는 교육적 제약이 여전히 너무 많다고 생각한다.

학생 입장이 아닌 교사 자신이 생각하는 수준에서 학생들을 이해하려는 이 갇힌 사고가 깨지지 않는 한, 학생은 자신이 생각하는 진로와 적성을 찾아 자신만의 재능과 소질을 가지고 자신의 능력을 발휘하기보다 일정한 제약과 제도적 통제 속에서 개인만의 독창적 사고의 폭을 넓히지 못하고 누군가의 평가 기준과 논리의 유리벽 속에서 벗어나기 어렵다는 생각이 든다.

우리는 교직에 서면서 우선 지금까지 자신이 가졌던 교육 현장의 여러 '고정관념'을 과감히 깨고 학생의 창의적이고 개성을 발휘할 수 있는 사고의 폭을 넓히는 자세로 나아가야 한다. 어떤 선생님을 만나느냐가 그 학생의 사고 방향에 지대한 영향을 미친다고 생각할 때 무엇보다 우리 자신의 생각을 더 자유롭고 따뜻하게 만드는 노력이 선행되어야겠다. 『즐기는 교직 실무』 p.84 중에서 -고광혁-

18

평정심 유지가 가장 어렵다

'아사리판(阿闍梨判)', '아수라장(阿修羅場)'은 무질서하게 어지러운 상태를 말한다.

같은 의미로

1. 먼저 속된 표현으로 '개판'
2. 명분 없는 일로 볼썽사납게 싸우는 '이전투구(泥田鬪狗)'
3. 옛날 과거시험을 치르는 마당에서 선비들이 무질서하게 들끓어 뒤죽박죽된 난장(亂場)에서 온 '난장판'
4. '아수라장' 등이 있다.

'아사리판'의 여러 어원 중에서 불교에서 왔다는 이야기 중에 수행을 중시하는 소승불교(小乘佛敎) 종단에서 교육을 담당할 만큼 덕이 높은 스승이나 도가 높은 승려를 일컫는 아사리(阿闍梨)에서 유래해 덕이 높은 스승인 아사리가 많으면 다양하고 깊은 의견이 개진되고 토론시간도 길어질 수 있는데 그 모습이 소란스럽고 무질서해 보인 데서 무질서하고 어지러운 현장을 '아수라장'으로 변했다고 한 데서 유래했다고 보는 어원이 있다. '아수라(阿修羅)'는 '수라'라고도 하는데 범어 'asura'의 음역으로 '아소라', '아소락', '아수륜' 등으로 표기하며 약칭인 '수라'는 '추악하다'라는 뜻이다.

고대 인도에서부터 아수라는 전쟁과 투쟁을 일삼는 일종의 귀신으로 여겨지던 존재로 아수라는 증오심으로 가득해 싸우기를 좋아해 '전신(戰神)'으로도 불렸다. 아수라는 몸은 하나인데 삼면육비(三面六臂) 즉, 얼굴이 3개이고 팔이 6개인 흉측하고 거대한 모습이었다고 한다.

온 세상을 하얗게 덮는 눈이 까맣게 탄 우리 마음을 정화해 주려나 생각했는데 인간 세상을 만나는 바람에 '아수라장'이 되어버렸나 보다. 하루빨리 정돈되고 깨끗하고 평화로운 우리 일상의 회복을 꿈꾸며….

19

빨간 내복은 가족의 사랑을 입는 것이다

빨간 내복

붉은색은 특히 중국인들이 극단적으로 좋아하는 색으로 행운을 가져오고 액운을 내쫓는 것으로 여겨진다. 대문을 빨간색으로 칠하거나 춘제와 같이 경사스러운 날에는 천지를 온통 붉은색으로 도배하다시피 하고 심지어 연말이나 춘제 등 명절에 터뜨리는 폭죽조차 빨간색을 많이 쓴다고 한다.

빨간색 선호 습성은 이처럼 지금까지 이어져 모든 생활에 영향을 미치고 있는데 결혼식이나 축하 연회 등에서는 모든 것에 반드시 빨간색을 사용하고 춘제 때 빨갛게 칠해 놓은 집 대문에 거는 대련(對聯)도 붉은색을 써야 한다고 한다.

일반 언어로도 빨간색을 좋아하고 장사해 남은 이익은 훙리(紅利), 단체나 기관에서 중책을 맡은 인물은 훙런(紅人), 인기 스타는 훙

싱(紅星)으로 '홍(紅)'을 넣어 부른다. 연예인들이 인기를 끈다는 저우훙(走紅)도 마찬가지다.

겨울용 빨간색 상하 내복, 팬티, 양말 등을 선물하는 것은 춘제 때 전통이 되다시피 했는데 특히 자신이 태어난 띠의 해인 '번밍녠(本命年)'은 12년마다 돌아오는 해로 한국에서는 모르겠지만 중국에서는 특별한 것으로 운이 나쁜 해를 의미해 여러 방법으로 이 액운을 막으려고 했다. 가장 기본적인 방법은 허리에 붉은 띠를 두르는 것이고 더 적극적인 방법은 아예 붉은 속옷을 입는 것이다.

우리나라에서도 첫 월급을 타면 부모님께 빨간색 내복을 선물하는 풍습이 있다. 내복이 첫선을 보인 것은 1950년대 후반으로 당시는 지금과 비교하면 옷감 재질도 떨어졌고 물자도 귀해 대부분 손으로 옷을 만드는 시절이어서 빨간 내복은 비싼 편이었다.

보온성이 높고 겨울을 따뜻이 보낼 수 있는 빨간 내복은 참 좋은 옷이었지만 비싸 쉽게 못 입는 형편이 많아 첫 월급을 타면 부모님께 감사의 마음을 전하는 가장 좋은 선물로 1960년대부터 유행하기 시작했다고 한다.

그런데 왜 하필 빨간 내복이었을까? 이 문제가 SBS '세대공감 1억 퀴즈쇼'에서도 다루어진 적이 있다. 즉, "1960년대 빨간 내복이 많았던 이유는 무엇인가?"라는 문제가 출제되었다. 보기 1번. 때가 잘 안 타서, 2번 염색하기 쉬워서, 3번 날씬해 보여서, 4번 좀이 쏠지 않아서였고 정답은 2번이었다.

1960년대 미숙한 염색 기술로는 내복의 원료인 나일론에 빨간 염료가 가장 잘 물들기 때문에 빨간 내복이 널리 유행되었다는 이유로 소개된 것이다. 또 다른 의미에서 빨간 내복은 빨간색 자체에 의미가 담겨 있다고 볼 수 있다.

동짓날 먹는 붉은 팥죽은 나쁜 귀신과 액을 내쫓는 의미로 먹듯이 부모님의 액을 내쫓아 빨간 내복 선물이 유행한 것일 수도 있다고 한다. 그리고 옛날부터 높은 신분계층의 옷은 대부분 붉은색이었고 서양에서는 '귀족의 색'으로 불렸다.

고구려 고분벽화에 내의를 입은 사람 그림이 있는데 『삼국사기』에 '내의(內衣)'와 '내상(內裳)'이라는 표현이 있다. 옛사람들이 속저고리인 '내의'와 속치마인 '내상'을 입은 것을 이것에서도 알 수 있다.

오늘날은 신축성 소재로 만들어 몸에 착 달라붙는 타이츠 모양의 하의(下衣)인 레깅스(Leggings)까지 나와 있다. 빨간 내복이 등장한 당시에도 속옷은 대부분 흰색이었는데 1960년대부터 내복의 대명사인 빨간 내복이 등장해 전국적으로 유행했다. 이처럼 중국과 우리나라에서 원래 빨간(赤)색은 양(陽)의 기운을 가졌고 귀신이 가장 싫어한다고 믿어 왔다.

음의 기운으로 활동하는 귀신은 어둡고 축축한 상태를 좋아한다고 믿어 장(醬)을 담글 때는 잘 익은 빨간 고추를 띄우고 금줄에도 빨간 고추를 매달았다. 동짓날 문설주에 붉은 팥죽을 뿌리는 것으로 나쁜 기운을 물리치는 풍습도 유명하다.

그리고 빨간색은 생명력이 넘치는 색으로 볕이 부족한 겨울에 입는 빨간 내복은 몸을 따뜻이 보호하고 활기찬 기운을 북돋아 준다고 생각했으며 내복만큼 저비용으로 겨울나기를 할 수 있는 든든한 난방 재료도 없던 시절 내복의 보온효과 덕분에 난방비를 엄청나게 절감할 수 있었고 실내외 심한 기온차로 걸리는 감기(感氣)도 예방하는 최고의 선물이 되었다.

내복에는 '내 안에 있는 복(福)'이라는 뜻이 있다. 겨울철에는 체온을 따뜻이 유지하는 것이 요즘 주식시장에 지친 심신 회복과 면역력 증진에도 도움이 된다고 여러 의사가 말한다. 내일은 내가 가장 아끼는 가족에게 이 겨울 따뜻이 입을 빨간 내복을 한 벌씩 선물해 줄 생각이다.

'내복(內服)'을 챙겨 입고 '내 복(福)'을 받아보자.

"빨간 내복은 가족의 사랑을 입는 것이다."

20

겁내지 말고 지금부터는 다르게 살아 보자

우리는 인생이 유한하다는 사실을 모두 알면서도 그 끝이 언제인지 모른 채 살아간다. "다음에는 다르게 살자. 좀 더 웃고 좀 더 사랑하는 거야. 겁내지 말자. 네가 자랑스러워." 영화 「라스트 홀리데이」에서 주인공의 마지막 대사다. 2006년 개봉된 이 영화의 주인공 퀸 라티파(조지아 버드 역)는 암 진단을 받고 전 재산을 찾아 평소 하고 싶었던 것을 해보는데 결국 오진이었고 좋아하던 남자와 결혼해 하고 싶었던 식당을 차린다는 줄거리다.

이 영화는 우연히 머리를 부딪쳐 CT를 찍었더니 뇌종양이 발견되고 4주라는 시한부 판정을 받으면서 주인공의 삶이 달라지는 모습을 그리고 있다. 그동안 괴롭혔던 직장 상사에게 프리 선언을 하고 그동안 꿈꿔온 버킷리스트(가능성이라는 사진첩)인 체코에 있는 호텔 셰프(제라르 드빠르디유 셰프 디디어 역)를 직접 만나기 위해 떠나 겪게 되는 여러 가지 에피소드인 비행기 1등석, 호텔 스위트

룸 투숙, VIP 인사들과의 식사, 스키 타기, 스카이 점프 등을 하면서 일어나는 사건들을 중요 내용으로 구성해 보여준다.

카지노에서 아무 욕심 없이 해본 룰렛 베팅에서 약 1억 원을 따고 호텔 직원들과도 인간적인 진솔함과 친화력으로 신뢰와 인기를 얻어 자신의 신분이 탄로 날 위기에서 도움을 받는 장면도 인상적이었다. 그러던 중 병원에서 오진 사실을 알려주고 사랑하는 사람(남친 L.L 쿨 J 숀 매튜스 역)이 눈사태 속에 막힌 길을 뚫고 직접 걸어서 호텔로 찾아와 주인공을 만나 서로 사랑을 확인하고 결국 둘만의 작은 식당을 열면서 영화는 끝난다.

이 영화를 직접 시청하면서 인생이라는 주제를 생각해볼 것을 강력히 권하고 싶어 줄거리는 최대한 간략히 소개한다. 이 영화를 꼭 직접 보면서 각자 올 한 해 삶을 돌아보고 다가올 새해 삶의 방향을 생각해보면 좋겠다.

1. 우리가 자신의 삶의 마감시간을 정말 알게 된다면 어떤 생각이 들까?(앞으로 4주 남았다)
2. 현실적인 상황 때문에 지금은 못 하지만 늘 꿈꿔온 내 버킷리스트(가능성 수첩)에는 무엇이 들어있는가?
3. (가진 돈을 모두 찾아 그동안 만나고 싶었던 셰프를 만나는 등) 영화 속 주인공처럼 나도 남은 시간을 알게 되었다면 무슨 일을 어떻게 시작할까?
4. 유서를 쓰며 장례를 부탁하는 장면이 나오는데 내가 유서를 쓴다면 뭐라고 쓰고 내 뒤를 누구에게 부탁할까?

오늘은 한 해의 마지막 날이다. 생각하고 정리할 것도 많겠지만 과거로 다시 돌아갈 수는 없으니 "죽어가는 것을 안타깝게 생각하지 말고 앞으로 살아갈 날들을 맞이하면서 설렘을 가슴속에 품어 보자."

"다음에는 다르게 살자. 좀 더 웃고 좀 더 사랑하는 거야. 겁내지 말자. 네가 자랑스러워."

"즐겁지 않으면 인생이 아니다."

"영원히 살 것처럼 공부하라."

"내일이 마지막인 것처럼 살아라."

21

벼랑 끝에 서서 자신을 보라

'궁즉변(窮則變), 변즉통(變則通), 통즉구(通則久)' 즉, "궁하면 변하고 변하면 통하고 통하면 오래 간다"라는 말이 『주역』에 등장한다. 우리가 살아가면서 문제가 생기면 변하게 되고 변하면 해결책이 생기고 해결책이 생기면 오랫동안 가다가 또다시 문제가 생긴다는 뜻이다.

고구마는 답답하게 기다리고 기다리다가 결국 싹을 틔우는데 싹을 틔우지 못한 녀석은 썩어 자빠진다고 한다. 하루아침에 자기 삶을 송두리째 흔들고 비틀어 새로 바꾸기는 아무도 쉽지 않을 것이다. 즉, 현재 자신의 페르소나를 벗어버리고 생각, 말투, 행동, 제스처에 이르기까지 자기 냄새가 나는 모든 것을 탈탈 털고 바꾸면서 사회에 적응해가기는 정말 쉽지 않은 것 같다. 그러니 누구나 '가면' 속에 숨은 '진실'을 담고 살아갈 수밖에 없다는 생각이 든다.

조선 선조 때 송강 정철도 고전『관동별곡』에서 서정적 자아를 통해 인간의 '가면'과 '진실'의 양면적 심리 표현을 시도했다고 분석하고 감상하니 새삼 더 흥미롭게 읽게 되었다.

"江강湖호애 病병이 깁퍼 竹듁林님의 누엇더니
關관東동八팔百빅里니에 方방面면을 맛디시니
어와 聖셩恩은이야 가디록 罔망極극ᄒ다.
延연秋츄門문 드리ᄃᆞ라 慶경會회 南남門문 브라보며
下하直직고 믈너나니 玉옥節졀이 알피 셧다~"

인간 본연의 모습이 아닌 일종의 대사회적(對社會的) 가면을 심리학적 용어로 '페르소나(Persona)'라고 하는데 송강은 『관동별곡』 작품 속에서 서정적 자아의 '가면'을 관찰사라는 공인(公人)의 입장에서 가지게 되는, 사회와 국가에 대한 의무로서의 얼굴로 표현을 시도했다고 나는 분석하고 감상했다.

반면, 인간의 본연의 모습으로 주로 움직임으로 나타나며 갈등과 욕망을 상징하는 이런 내면적 심적 태도는 심리학적 용어로 '아니마(Anima)'라고 하는데『관동별곡』작품 속에서 송강은 서정적 자아의 '진실'을 타고난 그대로의 인간의 얼굴로 그렸다. 이는 술을 마시고 취하거나 이백(李白)과 사선(四仙)에 대한 동경으로 표현했다고 분석하고 감상했다.

이런 페르소나와 아니마적 요소는 작품 속에서 서정적 자아의 양면적 성격, 특히 산을 유람할 때는 페르소나적 모습을 많이 나타내고 바다를 접할 때는 아니마적 풍취를 많이 나타낸 내용을 발견하고 분석·감상하는 것도 흥미 있었다. 고전『관동별곡』을 다시 읽으면서 '가면'과 '진실'이라는 인간의 양면의 맛을 공감해보니 새로운 감상의 재미가 느껴졌다.

새해에는 자신이 지금까지의 모습에서 뭔가 새롭게 바꿔야 한다는 생각을 깊이 할 것이다. "우리가 현실에 안주해 진정으로 절실함이 없다면 아직 궁하지 않은 것이다. 오늘 궁하고 간절함으로 깨닫는다면 현재의 '가면'을 과감히 벗어던지고 '진실'의 새로운 삶의 변화를 시작하자."라고 나 자신이 다시 다짐해본다.

22

태도가 곧 그 사람이다

종달새와 올빼미

내 생활 패턴은 '종달새형', 아내는 '올빼미형'이다. 우리는 30년 동안 함께 생활해오면서 각자의 생활 패턴의 장점을 닮아가면서 조화를 이루고 잘살고 있다. 새해에 평소 자신의 생활 패턴이 흐트러지는 사람이 늘고 있는 것 같은데 건강한 일상을 보내기 위해서는 무엇보다 일상의 생활 패턴을 잘 지켜야 한다는 생각이 먼저 든다.

지금까지 수많은 생활 패턴 연구 결과, '아침형'과 '저녁형' 중 어느 것이 건강에 더 좋은지 결론을 내릴 수 없다고 한다. 두 생활 패턴은 집중력이 높아지는 시간대가 다르기 때문이다. 아침형은 오전에 집중력이 가장 높고 오후 6시부터 주의력이 급격히 떨어지는 반면, 저녁형은 오후부터 집중력이 점점 높아져 오후 6시 무렵 정점을 찍는다고 한다.

아침형과 저녁형은 생활습관이나 직업 때문에 정해질 수도 있지만 각자의 유전적 요인도 배제할 수 없다. 건강을 고려한다면 각자의 생체리듬을 반드시 지키는 것이 매우 중요하며 특정 형을 무조건 따르려고 하면 건강에 무리가 될 수 있다고 본다. 그런 의미에서 새해를 맞아 건강한 생활 패턴 습관을 어떻게 만드는 것이 좋을지 생각해본다.

생활 패턴 10계명

1. 규칙적으로 잠자리에 들고 잘 때는 빛 노출(블루 라이트에 노출되는 스마트폰 등의 사용 자제)을 최소화하기
2. 규칙적으로 일어나 아침 채광량(아침에 일어나자마자 햇볕을 쬐면 눈에 들어간 빛이 뇌 속 생체시계를 다시 맞춰 생체리듬 유지에 도움이 된다고 한다)을 최대한 늘리기
3. 평일과 휴일 모두 자고 깨는 일정한 시간 지키기
4. 아침식사는 하고 점심식사도 가능하면 일정한 시간에 하고 오후 7시 이전에 저녁식사(소식) 마치기
5. 하루에 만 보 이상(꾸준한 운동) 걷기
6. 채소를 많이 먹고 평소 물을 꾸준히 많이 마시기
7. 나트륨 섭취를 줄이고 유제품(유산균) 챙겨 먹기
8. 적정 체중 유지하기
9. 스트레스는 바로바로 풀고 즐거운 마음과 긍정적인 생각 품기
10. 주기적으로 재미있게 놀기(골프, 등산, 낚시, 캠핑, 여행 등)

23

변하지 않으면 거듭날 수 없다

"사람은 절대로 변하지 않는다."
"사람은 쉽게 바뀌지 않는다."
"사람은 고쳐 쓰는 것이 아니라 골라 쓰는 것이다."

'제행무상(諸行無常)'은 "세상에 항상불변(恒常不變)한 것은 없다. 즉, 모든 것은 변하며 영원하거나 고정불변한 것은 없다"라는 뜻이다. 유물론적 관점에서도 나를 구성하는 물질이 생물학적으로 보아도 7~8년이면 한 인간의 몸속 모든 세포가 적어도 한 번 이상 죽고 새로 난다고 한다. 즉, 우리 몸은 물론 성격, 성향, 태도, 선호 등도 점점 나이가 들면서 계속 변하는 것은 지극히 자연스러운 현상인데 우리가 느끼지 못할 뿐이라고 한다.

독수리는 30년 수명이 다해가면 그동안 무뎌진 부리와 발톱, 날개를 스스로 다 뜯어내고 새로운 30년 수명을 시작한다고 한다.

"기척이라곤 전혀 없는 높은 산꼭대기에서 독수리는 날카로운 암반을 부리로 마구 찍는다. 얼마나 돌을 찍었는지 부리는 문드러지고 한참 후 부리에서 새로운 부리가 돋는다. 새로 돋은 부리가 자신의 발톱을 뜯어낸다. 피가 낭자하다. 얼마 후 발에서 새로운 발톱이 날카롭게 돋아난다. 이번에는 새로 돋아난 발톱으로 자신의 깃털을 뽑기 시작한다. 얼마 후 털이 모두 뜯긴 알몸에서는 새 깃털이 솟아올라 광택이 나는 깃털로 몸을 덮는다. 새 부리와 새 발톱은 예리할 만큼 날카로워졌고 새로 돋은 날개는 힘차게 바람을 가르며 창공으로 솟아오른다."

'하늘의 제왕' 독수리의 변신 과정이다. 이처럼 "처절한 변신 과정을 거쳐야만 새로운 생을 시작할 수 있다"라는 생각이 든다.

반면, '삼세지습지우팔십(三歲之習至于八十)' "세 살 때 버릇 여든까지 간다"라는 말처럼 한 번 길들어진 버릇은 고치기 어렵다. 사람의 버릇 중에는 아름다운 버릇도 있겠지만 이해하기 어렵거나 건방져 보이는 민망한 태도나 버릇이 대부분이다.

'버릇'은 오랫동안 반복해 몸에 익은 행동과 습관을 말한다. 좋든 나쁘든 대부분 어릴 때 부모의 가르침과 행동을 통해 교양, 인격, 습관, 버릇을 익히기 때문에 한 번 몸에 익힌 습관과 버릇은 쉽게 고칠 수 없다고 한다. 이러니 "사람은 쉽게 변하지 않는다."라고 말한다는 생각이 든다.

새해를 시작하면서 먼저 '자기 변혁'을 생각해본다. 각 시대마다 뭔가가 그 사람에게 주어진다. 수많은 장벽을 뛰어넘어 적극적으로

'자기 변혁'을 시도할 때 인간은 성장한다. 새해 꿈을 이루려면 우선 자신이 계획한 일들에 사명감과 책임감을 갖고 최우선으로 오늘부터 "사람은 변하지 않는다"라는 고정관념의 틀에서 벗어나 독수리가 새로운 비상을 꿈꾸듯이 나 자신부터 먼저 변화의 첫발을 내디디겠다고 다짐한다.

집오리는 날개가 있지만 집오리에 불과하다. 작은 이익을 좇아 현실에만 안주하고 날기를 잊지는 않았는지 되돌아볼 때다.

24
존버 정신이 있어야만 생존한다

"강한 자가 살아남는 것이 아니라 살아남은 자가 강한 것이다."
"인생 후반기는 살던 대로 살면 죽도 밥도 안 된다."

한국인의 평균 기대수명이 경제협력개발기구(OECD) 회원국 평균보다 2년 이상 긴 것으로 나타났다. OECD가 출간한 '보건통계 2021'의 내용을 토대로 보건복지부가 발표한 'OECD 보건통계로 보는 우리나라의 보건의료'에 따르면 우리나라 국민의 기대수명은 2019년 83.3세로 OECD 평균인 81.0세보다 2.3년 길었다. 이처럼 오늘날 우리 인생을 '100세 인생'이라고 할 때 50대 시작은 인생 후반전 돌입이라고 할 수 있다.

『쫓기지 않는 50대를 사는 법』의 저자 이목원은 나이 '50'이라는 숫자에 대해 더 이상 육체적·정신적으로 청년이 아니라고 설명하면서 철저한 준비 없이 50대를 맞으면 지루하고 심심하고 불행한 인생 2막을 보낼지도 모른다고 주장했다. 그는 지난 시절보다 더 활기차게 자신이 가진 고정 이미지를 깨고 새로운 인생 2막에 도전하는 50대를 이 책에서 소개하고 있다.

첫 장에서 "인생 후반기는 살던 대로 살면 죽도 밥도 안 된다."라며 "나이가 들어서도 자신의 삶을 당당히 능동적으로 살아가는 사람들이 사회 곳곳에 있다. 그런 분들의 마음근육은 하루아침에 쌓이지 않았다. 평소 그것을 강렬히 소망하고 꼭 이루겠다고 생각한 덕분에 목표를 달성한 것이다. 이런 마음근육을 키우고 노후를 대하는 태도를 50대부터 준비해야 한다."라고 주장했다.

그리고 50대 이후에는 마음근육뿐만 아니라 마음의 유연성도 필요하다면서 50대까지 가져온 습관이나 고정관념을 바꾸기는 쉽지 않겠지만 유연한 사고를 갖기 위해 가능하면 젊은이들과 많이 어울리고 50대 이후 심심하고 지루하게 살지 않으려면 끊임없이 배우라면서 작가는 인생 후반기의 배움은 자신이 구축하는 삶의 뼈대를 더 견고하게 해준다고 말하고 있다.

'프레임(Frame)'은 '관점이나 상황을 정의하는 방식'을 말한다. 프레임은 인간이 성장하면서 더 효율적으로 생각하기 위해 생각 처리 방식을 공식화한 것이다. 인간은 특정 조건에 대해 거의 무조건적으로 반응하는 경향이 있으므로 프레임을 '마음의 창'에 비유하고 이는 특정 대상이나 개념을 접했을 때 어떤 프레임을 갖고 있느냐에 따라 그 해석이 바뀐다고 했다.

언어학자 조지 레이코프는 프레임을 '특정 언어와 연결되어 연상되는 사고체계'라고 정의하면서 프레임은 우리가 사용하는 모든 언어에 연결되어 존재하며 우리가 듣고 말하고 생각할 때 우리 머릿속에서 프레임이 항상 작동한다고 주장했다.

그렇다면 '리프레이밍(Reframing)'은 무엇일까? 프레임에 대한 재해석이다. 즉, 견해와 관점이 프레임이라면 프레임 자체를 재해석해 관점의 틀을 바꾸는 것이 리프레이밍이라고 할 수 있다.

심리학에서는 리프레이밍이라고 표현하는데 기존 사고방식이나 느끼는 방식의 틀을 바꾸는 방법으로 특정 틀을 통해 인식되는 부분을 걷어내고 다른 틀에서 본다면 어쩌면 정반대 결과를 이끌어 낼 수도 있다는 것이다.

물론 기존 프레임을 바꾸는 것은 위험할 수도 있지만 기존 프레임을 깨뜨리는 혁신이 있어야만 변화를 이룰 수 있다고 생각한다면 결국 변화는 일어나는 것이 아니라 스스로 만들어내는 것이라고 생각한다.

이처럼 우리가 50세를 넘어 인생 후반전을 어떻게 살아가는 것이 '존버'하는 전략일지 생각하면서 남들과 똑같은 시각에서 문제를 해결하기보다 곤란한 문제에 직면했을 때 프레임을 바꾸어 다른 시각에서 문제를 바라보는, 심리학에서 말하는 '리프레이밍' 전략 즉, 기존 사고방식이나 느끼는 방식의 틀을 바꾸고 특정 틀을 통해 인식되는 부분에서 벗어나 다른 틀에서 바라보는 용기로 인생 후반부터는 과감히 고정관념의 틀에서 벗어나 전략적 역발상으로의 전환 리프레이밍이 필요하다고 생각해본다.

올해 첫 주를 보내면서 앞으로 100세 인생 '존버'를 위한 리프레이밍 전략에 대해 그동안 마음속에 담아두었던 10가지를 함축적 의미(읽는 사람이 각자 해석해보면 좋겠다는 생각에서)로 정리해본다.

1. 개구리는 높이 뛰기 위해 움츠린다.
2. 촛불로는 밥을 지을 수 없다.
3. 꽃은 지기 위해 피지 않는다.
4. 농땡이를 잘 피는 사람이 되어라.
5. 하고 싶은 일을 먼저 하지 말고 해야 할 일을 먼저 하라.
6. 눕지 말고 일어나 걸어라.
7. 배고파서 먹지 말고 먹고 싶을 때 먹어라.
8. 고민할 시간에 하나라도 해결해 나가라.
9. 부자들은 1원도 아낀다.
10. 많은 달걀은 몇 분만 노력하면 실제로 세울 수 있다.
11. 먼저 의심하라. 그다음에 탐구하고 발견하라.

"하늘 아래 정말 새로운 것은 없으며 새로운 조합만 있을 뿐이다."
-빌 게이츠-

"창의력이란 사물들을 그냥 서로 연결하는 것이다." -스티브 잡스-

25

힘들어도 부끄럽게 살지 말라

양진(楊震)의 사지(四知)

'천지 지지 자지 아지(天知 地知 子知 我知)' 즉, "하늘이 알고 땅이 알고 네가 알고 내가 안다." -『후한서』-

후한 왕조가 건립된 지 100년이 지난 2세기 초부터 환관과 외척이 권력을 장악해 전횡을 일삼자 정치가 더 문란해졌는데 이런 어지러운 상황에서 고결하고 강직한 정치가로 주목받은 양진의 이야기 속에 이 '사지(四知)'가 등장한다. 양진은 어릴 때부터 학문을 좋아해 학자로 이름을 알렸는데 50세 무렵에야 비로소 벼슬길에 올랐고 훗날 재상과 동급 지위인 삼공(三公)에까지 올랐다고 한다.

'사지'의 유래를 살펴보면 양진이 동래(東萊) 태수가 되어 임지로 부임 중 일화 속에 이 고장 현령을 맡고 있던 왕밀(王密)이 이전에 양진을 관직에 추천한 적이 있어 서로 알던 사이였는데 왕밀은 양진을 찾아와 이런저런 이야기를 하다가 얼마 안 지나 조용히 품에서 금 10근을 꺼내 양진 앞에 내려놓으면서 "태수 어른께 드리는 제 성의입니다. 받아주십시오."라고 했다. 그러자 양진은 엄하게 꾸짖으며 "나는 당신을 추천한 만큼 당신을 잘 알고 있소. 하지만 당신은 내가 어떤 사람인지 잘 모르는 모양이오. 뇌물을 가져온 것은 무슨 일이오?"라고 물었다.

그 자리에서 왕밀은 어떻게든 양진에게 금을 주기 위해 "이제 어두워져 아무도 보는 사람이 없습니다. 부디 안심하고 받아주십시오."라고 거듭 말했다. 하지만 말이 끝나기 무섭게 양진은 매서운 목소리로 "무슨 말을 하시오? 하늘이 알고 땅이 알고 당신이 알고 내가 알고 있지 않소? 그런데 어찌 아무도 모른다는 말이오?(天知 神知 我知 子知 何謂無)"라고 말했다.

그러자 겁이 난 왕밀은 부끄럽고 두려운 마음에 몸을 움츠리고 허겁지겁 물러났다는 이야기 속에 등장하는 말이다. 이후 양진은 기강을 바로잡고 부정을 엄단하는 데 더 강력히 착수했지만 환관들이 공모해 모함해 파직되었고 그는 힘없는 자신의 신세에 한탄과 분노를 느껴 결국 독약을 들이키고 자살했다고 한다.

역대 미국 대통령 중 가장 존경받는 링컨 대통령의 어록 중에 "한 사람을 영원히 속일 수는 있다. 모든 사람을 잠시 속일 수도 있다. 그러나 모든 사람을 영원히 속일 수는 없다"라는 말이 있다. 이는 세상에는 비밀이 없다는 것을 잘 보여주는 말로 수시로 수많은 유혹이 넘쳐나는 우리 일상 속에서 자기 삶의 방향은 물론 특히 청렴결백해야 할 공직자의 길을 걷고 있다면 새해 첫 길을 걸을 때 마음

속에 다시 한번 새기고 간직해야 할 숨은 고귀한 진리의 가르침이라고 생각해본다.

'앙불괴어천 부부작어인 이락야(仰不愧於天 俯不怍於人 二樂也)'

죽는 날까지 하늘을 우러러
한 점 부끄럼이 없기를
잎새에 이는 바람에도
나는 괴로워했다.
별을 노래하는 마음으로
모든 죽어가는 것을 사랑해야지.
그리고 나한테 주어진 길을
걸어가야겠다.
오늘 밤에도 별이 바람에 스친다.

'서시'-윤동주-

26

자신의 마음 그릇을 키워라

조직에서 당신은 '직언'할 용기가 있는가? 귀에 거슬리는 말도 들을 포용력이 있는가?

'해납백천(海納百川)'은 송대(宋代) 역사서 『자치통감(資治通鑑)』을 간추려 펴낸 『통감절요(通鑑節要)』에 '해납백천 유용내대(海納百川 有容乃大) 벽립천인 무욕즉강(壁立千仞 無慾則剛)' 즉, "바다는 모든 물을 받아들이므로 그 너그러움으로 거대하고 바위의 키는 천 길에 다다르지만 욕심이 없어 굳건하다"라는 글에서 유래했다고 한다.

또한, 『사기(史記)』 '이사열전(李斯列傳)'에서도 중국을 통일한 진시황(秦始皇)은 진나라의 보수적인 왕족과 대신들이 진(秦)나라 사람이 아닌 타국(他國) 출신 조정(朝廷)의 관리를 축출하라는 상소를 받아들이고 축객령(逐客令)을 내렸는데 초(楚)나라 출신 책략가 이사(李斯)가 "태산은 한 줌의 흙도 사양하지 않아 그렇게 높을 수 있고(태산불양토양泰山不讓土壤) 하해(河海)는 작은 물줄기라도 가리지 않아 그 깊음에 이른 것이다(하해불택세류河海不擇細流)."라는 상소문 간축객서(諫逐客書)를 올리자 진시황은 결국 축객령(逐客令)을 거둬들였다고 한다. 그리고 모택동(毛澤東)은 집무실에 '해납백천(海納百川)'이라는 휘호(揮毫)를 걸어놓고 하나의 중화인민공화국을 재건해 사회주의 국가건설을 꾀한 것으로 알려져 있다.

이처럼 '해납백천'의 함의는 자기 뜻과 같은 사람이든 다른 사람이든 구별하지 않고 모두 품는 '포용력(包容力)'을 강조한 것으로 해석할 수 있다.

새해를 맞아 조직의 성과를 키우는 가장 중요한 요소가 무엇일지 생각해본다. 변화와 혁신, 소통, 참여, 자신감, 리더십(Leadership), 열정, 실행력, 훈련(인재육성) 등 조직의 특성과 환경에 따라 다양한 분석이 있겠지만 가장 중요한 것 중 하나는 '포용력'의 리더십이라고 생각해본다.

조직의 리더에게 가장 필요한 역량 중 하나는 '포용력'이다. '해불양수(海不讓水)' 즉, "바다는 어떤 물도 사양하지 않는다"라는 이 포용력은 남을 너그럽게 감싸주거나 받아들이는 힘이라고 할 수 있다. 그러니 조직에서 자신의 유·불리를 떠나 '직언(直言)'과 '간언(諫言)'을 과감히 포용하는 대인배(大人輩)의 '포용력'의 리더십이 중요하다는 생각이 든다.

퇴계는 벼슬을 사양하고 고향에서 지낼 때 찾아온 영의정(領議政)

권철(雙翠軒 權轍)에게 "대감께서 원로에 누지(陋地)를 찾아오셨는데 제가 융숭한 식사 대접을 못해드려 매우 송구스럽습니다. 하지만 제가 대감 앞에 올린 식사는 일반 백성이 먹는 식사에 비하면 더할 나위 없는 성찬이었습니다. 농부들은 깡보리밥에 된장찌개가 고작입니다. 그럼에도 대감께서는 그 음식이 입에 맞지 않아 제대로 잡수시지 못하는 것을 보고 저는 이 나라의 장래가 은근히 걱정되옵니다. 무릇 정치의 요체(要諦)는 '여민동락(與民同樂)'이온데 관과 민의 생활이 그렇게 동떨어지면 어느 백성이 관의 정치에 심열성복(心悅誠服)하겠나이까? 대감께서는 그 점에 각별히 유의하시길 바랄 뿐이옵니다."라고 말했다.

가히 폐부를 찌르는 '직언(直言)'이었다. 퇴계가 아니고서는 영의정에게 감히 아무도 말할 수 없는 '직언'이었다. 그러자 권철 대감은 얼굴을 붉히며 머리를 숙이고 "참으로 선생이 아니고서는 누구에게서도 들을 수 없는 충고이십니다. 나는 이번 행차에서 깨달은 바가 많아 집으로 돌아가면 선생의 말씀을 잊지 않고 실천에 옮기도록 노력하겠습니다."라고 대답했다.

권철 대감은 퇴계의 충고를 거듭 고마워했고 한양으로 올라오자 가족에게 퇴계의 말을 자상하게 전하는 동시에 그날부터 퇴계를 본받아 일상생활을 지극히 검소(儉素)하게 했다고 전해진다. 퇴계의 '직언'과 이를 과감히 받아들인 권철의 '포용력'의 리더십을 다시 한번 생각해볼 수 있는 일화였다.

"조직의 성과는 리더와 구성원이 함께 만들어가는 것이다."
"바다는 비에 젖지 않는다."

27

선택은 오직 자신의 신념에 달려있다

천 번이고 다시 태어난데도
그런 사람 또 없을 테죠.
슬픈 내 삶을 따뜻하게 해준
참 고마운 사람입니다.

　　　　　'그런 사람 또 없습니다' -이승철 노래 중에서-

고려 말에 활동한, '불사이군'을 상징하는 충신으로 유명한 '3은'을 생각해본다.

이 몸이 죽고 죽어 일백 번 고쳐 죽어
백골이 진토되어 넋이라도 있고 없고
님 향한 일편단심이야 가실 줄이 있으랴.

　　　　　　　　　　　　　　-포은 정몽주-

五百年(오백년) 都邑地(도읍지)를 匹馬(필마)로 도라드니
山川(산천)은 依舊(의구)하되 人傑(인걸)은 간 듸 업다.
어즈버 太平烟月(태평연월)이 이런가 하노라.

-야은 길재-

백설이 잦아진 골에 구름이 험하구나.
반가운 매화는 어느 곳에 피었는고
석양에 홀로 서 있어 갈 곳 몰라 하노라.

-목은 이색-

이방원은 정몽주가 고려를 무너뜨리고 새 왕조를 세우는 일에 가담할 뜻이 있는지 떠보기 위해 '하여가'를 지어 정몽주를 유혹했다.

이런들 어떠하리 저런들 어떠하리.
만수산 드렁칡이 얽어진들 어떠하리
우리도 이같이 얽어져 백 년까지 누리리라.

하지만 정몽주는 위의 '단심가'로 답하며 그의 유혹을 뿌리쳤다고 한다. 절박한 상황에서도 다양하고 묘미 넘치는 표현을 보여준 위 시조는 훗날 신하의 충성심을 나타내는 것으로 널리 알려졌다.

길재는 고려 말 문신으로 호는 야은(冶隱)이다. 그는 고려가 망할 것을 짐작하고 벼슬을 그만두고 성리학(性理學) 연구에만 힘썼는데 조선 개국 후 벼슬을 제수받았지만 거절하고 나아가지 않았다고 한다. 이 작품은 고려의 옛 도읍 개성을 돌아본 심정을 노래한 것으로 사람들은 나라가 바뀌었음에도 아무 일도 없었다는 듯 잘

사는 모습을 보며 고려의 유신으로서 자신이 느낀 망국(亡國)의 한과 인생무상을 표현했다.

목은 이색의 위 작품은 "눈이 하얗게 내린 골짜기에 하늘은 구름이 가득한데. 아직 겨울이 가지는 않았지만 어느 곳엔가 향기를 머금은 매화가 이미 피어 있을지도 모른다는 기대감을 갖지만 그곳이 어디인지 몰라 홀로 서 있을 뿐 갈 곳을 모른다."라며 순수하게 자연을 소재로 한 노래로 해석할 수 있다.

목은은 여말선초(麗末鮮初) 성리학의 주류인 수많은 인물을 배출한 학자였지만 이성계의 출사 종용을 끝까지 거부했고 이 시조를 통해 어떻게 살아야 할지 모르는 자신의 심정을 에둘러 표현했다고 한다.

고려 말 격변기에 자신의 절개를 지킨 포은 정몽주, 야은 길재, 목은 이색의 삶을 그들이 남긴 작품을 한 수씩 다시 읽으며 생각하니 힘들고 지친 요즘 "우리 삶을 따뜻하게 해줄 그런 사람이 또 있을까?" 생각해본다.

변해서 좋은 것도 많다. 하지만 우리가 각자 가진 '절개(節介)' 즉, 신념이나 신의를 굽히거나 바꾸지 않는 강직한 태도만큼은 예나 지금이나 변치 않고 지켜나갈 때 우리 삶을 더 따뜻하게 해줄 거라는 믿음을 다시 한번 마음속에 새겨본다.

首陽山 바라보며 夷齊를 恨하노라.
주려 죽을진들 採薇도 하는 것가

아무리 푸새엣것인들 그 뉘 땅에 났더니.

-성삼문-

굳었으면 차라리 굶어 죽을 것이지 어찌하여 고사리를 캐 먹었단 말인가?
방(房) 안에 혓는 촛불 눌과 이별(離別)하엿관대
것츠로 눈물 디고 속 타는 줄 모르는고
뎌 촛불 날과 갓트여 속 타는 줄 모로도다.

-이개-

겉으로는 눈물을 흘릴 뿐이지만 속은 진정 타들어 가는구나.
溫故而知新 可以爲師矣(옛것을 익히고 새것을 알면 남의 스승이 될 수 있다)

-『논어(論語)』위정(爲政)편-

오늘도 고전에서 한 수 배운다.

인간은 '면후심흑(面厚心黑)' 얼굴이 두껍고 마음이 검다. 살아남기 위해 변하는 삶도 있겠지만 죽어서도 영원히 사는 변치 않는 삶도 있다. 선택은 오직 자신의 신념에 달려있다.

28

자신의 평판은 자신이 만든다

'경거망동(輕擧妄動)'하지 말라!

경거망동은 앞뒤 일을 생각하지 않고 경솔하게 행동하는 것을 말한다.

'노루 제 방귀에 놀라듯'이라는 우리 속담이 있다. 노루는 예민한 동물이어서 작은 소리에도 깜짝 놀라 제가 뀐 방귀에도 놀란다. 이런 노루처럼 경솔한 사람은 자신이 한 일에 놀라 허둥대므로 신뢰가 가지 않아 일을 믿고 맡기기 어렵다는 평판을 듣는 것이다.

개인과 국가의 평판(評判)은 스스로 만드는 것이다. 미국 평판연구소(The Reputation Institute)에서는 기업대상 평판 연구와 함께 국가별 평판을 조사해 정기적으로 그 결과를 발표하는데 문효진 세명대 광고홍보학과 교수는 사람들이 생각하는 국가 평판은 해외여행, 유학, 투자 등 중요한 의사결정을 내릴 때 많이 참고된다며 "국가를 대상으로 하는 선택은 무엇보다 위험부담이 크고 중요한 결정이어서 사람들이 생각하는 평판 결과의 큰 영향을 받는다"라고 지적하면서 국가는 관광객 유치, 내부투자 활성화, 수출증대라는 중요한 3대 목표 실현을 위해 자신을 브랜드화하는 데 노력을 기울이고 있다고 주장하고 국가평판을 긍정적으로 이끈 동기와 이유는 다양하겠지만 크게 국민, 제도, 문화, 원칙, 책임 5가지를 꼽을 수 있다고 말했다.

국가평판 관리 목표를 3가지 차원 즉, 1차 목표는 '인지도 제고 전략', 2차 목표는 '호감도 제고 전략', 3차 목표는 한국을 좋아하는 것을 넘어 존경하고 칭찬하고 믿음을 가지도록 힘써야 하며 나아가 한국을 사랑하는 국가로 인지할 수 있도록 범정부 차원의 관리가 필요하다고 강조한 바 있다.

누구나 살다 보면 화낼 일이 정말 많아 쉽게 분노하고 그 스트레스에서 벗어나고 싶은 심정에서 심사숙고하지 못하고 경거망동하거나 말로 우선 감정을 표출하고 나서 후회한 경험이 많을 것이다. 또한, 자신의 생각을 남에게 주입하는 것을 무의식적으로 좋아해 상대방에게 무례한 언행으로 부지불식간 해악(害惡)을 끼치는 줄도 모르고 행동한 경우도 있을 것이다. 그러니 매사 더 심사숙고해 행동하고 경거망동하지 말아야 한다는 것을 늘 명심해야 한다고 생각한다.

이처럼 국가도 국가평판을 높이고 스스로 경쟁력을 키워야 한다. 한비자는 국가가 망하지 않으려면 10가지를 경계하라고 했는데 함께 생각해보자.

1. 법(法)을 소홀히 여기고 음모와 계략에만 힘쓰고 국내정치는 어지럽게 놔두면서 나라밖 외세(外勢)에만 의지한다면 그 나라는 망할 것이다.
2. 선비들은 논쟁만 즐기고 상인들은 나라 밖에 재물을 쌓아두고 대신들은 사적 이권만 취택한다면 그 나라는 망할 것이다.
3. 군주가 누각이나 연못을 좋아해 대형 토목공사를 일으켜 국고를 탕진(蕩盡)한다면 그 나라는 망할 것이다.
4. 간연(間然)하는 자의 벼슬의 높고 낮음에 근거해 의견(意見)을 듣고 여러 사람의 말을 견주어 판단하지 않고 듣기 좋은 의견만 받아들여 참고(參考)한다면 그 나라는 망할 것이다.
5. 군주가 고집이 세 간언은 듣지 않고 승부에 집착해 자신이 좋아하는 일만 제멋대로 한다면 그 나라는 망할 것이다.
6. 타국과의 동맹(同盟)만 믿고 이웃의 적을 가벼이 여기고 행동한다면 그 나라는 망할 것이다.
7. 나라 안의 인재(人才)는 쓰지 않고 나라 밖에서 온 사람을 등용(登用)해 오랫동안 낮은 벼슬을 참고 봉사한 사람 위에 세운다면 그 나라는 망할 것이다.
8. 군주가 대범해 뉘우침이 없고 나라가 혼란스러워도 자신은 재능(才能)이 많다고 여기고 나라 안 상황에는 어두우면서 이웃의 적국을 경계하지 않아 반역세력(反逆勢力)이 강성해 밖으로 적국(敵國)의 힘을 빌려 백성을 착취하는데도 처벌하지 못한다면 그 나라는 망할 것이다.
9. 세력가의 천거(薦居)를 받은 사람은 등용되고 나라에 공을 세운 지사(志士)는 내쫓아 국가에 대한 공헌(公憲)이 무시되고 지인만 등용된다면 그 나라는 반드시 망할 것이다.

10. 나라의 창고는 텅 비고 빚더미인데 권세가의 창고는 가득 차고 백성은 가난한데 상공업자들은 서로 이득을 얻어 반역(反逆)도가 득세해 권력을 잡는다면 그 나라는 반드시 망할 것이다.

"비판하지 말라. 그러면 너희가 비판받지 않을 것이요. 정죄하지 말라. 그러면 너희가 정죄받지 않을 것이요. 용서하라. 그러면 너희가 용서받을 것이요." -눅 6:37-

개인이든 국가든 성공의 열쇠는 능력이 아닌 평판으로 결정된다.

29

오늘이 내 인생에서 가장 젊은 날이다

육십이이순(六十而耳順)

공자는 『논어』 '위정'편에서 "나는 15살에 학문에 뜻을 두었고 30살에 인생관이 확립되었고 40살에 미혹되지 않았고 50살에 천명을 알았고 60살에 귀로 들으면 그대로 이해가 되었고 70살에 마음이 하려는 것을 따라도 법도를 넘지 않았다."라고 말했다.

'六十而耳順'(60살에는 어떤 말도 귀에 거슬리지 않게 되었다) 귀로 듣는 행위는 자기 내면을 수동적으로 변화시킬 수 있다고 한다. 사람의 귀가 음(陰)의 역할을 한다면 눈은 양(陽)의 역할을 한다는 것이다.

우리가 상대방을 바라볼 때는 다분히 공격적이지만 상대방의 말을 들을 때는 수용적으로 변한다는 것이다. 그래서 어느 사회에서나 상대방을 너무 오랫동안 바라보는 것은 무례한 행위로 간주되지만 상대방의 말을 듣는 데는 경계가 없다고 한다. 즉, 귀는 상대방의 영역을 침범하지 않으므로 어디에 있든 수용적이지만 눈은 공격적이어서 밤에 눈은 휴식이 필요하지만 귀는 24시간 쉼 없이 열려 있을 수 있다는 것이다. 이처럼 '이순' 귀가 순해진다는 60살에는 마음이 통하는 심통(心通)이 된다는 말이다.

뭔가를 억지로 하지 않고 생각하지 않는데도 그렇게 된 것을 알고 자신이 더 성숙해지고 무르익는다는 것이다. 사람들과 쉽게 통하고 누가 무슨 말을 하든 귀에 거슬리지 않고 마음이 통하고 착하게 남을 배려하고 그와 맺은 인간관계를 소중히 여기고 사람에 대한 배려가 감성적으로 완성된다는 뜻이다. 머리로 이해하고 좌우명을 세운 것이 아니라 가슴속에 자리잡고 무의식 속에 녹아있는 수준에서 말한다는 것이다.

'이순'에서 듣는 소리는 어떤 형편이든 어떤 관계든 어떤 지천명이든 상관하지 말고 그대로 화자를 인정하라는 뜻이다. '이순'이 되면 듣는 대로 이해가 되고 소리의 근원을 훤히 꿰뚫어 볼 수 있어야 하는데 그렇지 않으면 큰 문제가 아닐 수 없다. 무엇이 귀를 막고 있고 무엇이 머리를 막고 있고 무엇이 가슴을 막고 있는지 자신이 그 나이가 되어서도 무엇이 문제인지 스스로 모른다면 그거야말로 인생이 성숙해가면서 가장 큰 깨달음이 필요한 일일 것이다.

한 해 이제 남은 며칠이 지나면 '지천명'을 지나 '이순'의 때를 맞는다. 100세 시대를 어떻게 준비할 것인지 생각하며 공자의 가르침을 다시 새겨보면서 길을 찾아본다.

공자께서 말씀하시길 "군자가 생각하는 9가지가 있다."

1. 볼 때는 명료하게 이해하는지 생각하고
2. 들을 때는 총명하게 분별하는지 생각하고
3. 안색을 지을 때는 온화할 것을 생각하고
4. 태도를 취할 때는 공손할 것을 생각하고
5. 말할 때는 진실한지 생각하고
6. 일할 때는 가벼이 여기지 않을 것을 생각하고
7. 의문이 들 때는 질문할 것을 생각하고
8. 화가 날 때는 후환을 생각하고
9. 이익을 취할 때는 그것이 정당한지 생각한다.

『논어』 '계씨편(季氏篇)' 10장

"오늘이 내 인생에서 가장 젊은 날이다. 50대의 남은 날들을 마음껏 즐기자!"

30

알고 가는 게 좋은가?
가면서 아는 게 좋은가?

골프를 치는 날 명언이 많이 튀어나온다.

1. 골프는 18홀을 끝내고 장갑을 벗을 때까지 아무도 그 결과를 모른다.
2. 드라이버는 쇼, 퍼터는 돈이다.
3. 목생도사다.
4. 승리는 체력보다 정신력과 강인한 인격에 있다.
5. 즐기는 것이 바로 승리의 조건이 된다.
6. 사람 됨됨이는 18홀이면 충분히 알 수 있다.
7. 늦게 시작해도 그만두지 못한다.
8. 스코어에 집착하지 말고 가끔 페어웨이 주변에 핀 장미 향기를 맡는 여유를 가져라.
9. 아무도 정복할 수 없는, 끝이 없는 게임이다.
10. 가장 훌륭한 전략은 당신의 스윙을 믿는 것이다. 등등

"누구나 그럴 듯한 계획을 갖고 있다. 쳐맞기 전까지는."

-미국 권투선수 마이크 타이슨-

특히 "헤드업(Head up)하지 말라."라는 말을 못 들어봤다면 골퍼가 아니라고 할 만큼 많이 듣는 말이다. 헤드업은 만악의 근원이고 악성 슬라이스와 훅, 더프(duff: 두껍게 맞은 샷), 토핑 등 큰 문제의 중심이 된다고 말한다. 거금을 주고 세계 최정상 골퍼와 동반 라운딩을 하고 나서 조언을 구했더니 단 한마디 '노 헤드업(No head up)'이라고 말했다는 전설까지 있을 정도다. 프로에게든 상수(上手)에게든 가장 자주 듣는 충고가 바로 그것이다.

골프에서는 늘 인생을 배운다.
"연습만이 나를 증명한다."라고 타이거 우즈는 말한다.

좋은 동반자들과 필드를 함께 걸으며 생각했다.
"알고 가는 게 좋은가? 가면서 아는 게 좋은가?"

나부터 더 좋은 동반자가 되어야겠다.

31

속이 건강해야 웃는다

'무한불성 무인불승(無汗不成 無忍不勝)'은 "땀과 노력 없이는 성공할 수 없고 인내 없이 이룰 수 있는 성공은 없다."라는 뜻이다.

12월 둘째 주도 시간이 정신없이 흘러간다. 남은 시간에 하나라도 의미있는 결과를 얻겠다면 길은 분명히 정해져 있다. 더 최선을 다해 땀 흘려 노력하고 성과를 겸허히 기다리는 것이다.

오늘 대학병원에서 건강검진을 받았다. 자기 속은 아무도 알 수 없다. 내시경이라는 현대 의학을 통해 결과를 통보받는다. 자기 속의 내면 상태는 지금 보이는 것이지만 그동안 얼마나 인내하며 땀을 흘렸는지 생활습관의 결과가 드러난 것이다. 겉은 쉽게 바꿀 수 있어도 이처럼 속을 바꾸기는 정말 어렵다. 출근할 때 우리는 겉은 신경 쓰면서도 속에 좋은 것 하나 챙기지 못하는 일상이다. 후회하고 또 후회해도 되돌릴 수 없는 것이 자기 속 건강을 지키는 것이다.

'무한불성'. 너무 평범한 만고의 진리라는 생각이 든다. 자신이 흘린 땀은 결코 배신하지 않는다. 그러니 자신의 내면 건강을 위해 평소 생활습관에서 목표 달성을 위한 열정을 담은 뜨거운 땀을 매일매일 흘려보자.

32

창의(創意)는 생각을 생산하는 힘이다

높이 날겠다는 '생각'만 하지 말고 우선 튼튼한 사다리를 '생산'하라!

누구나 많은 생각을 한다. 지금 우리 사회의 모든 사물은 그 생각의 생산물이다. 즉, 1차산업 기초생활부터 4차산업 미래의 변화 속에서도 우리의 상상은 현실화되어 왔다. 미래로 나아가는 힘은 '창의성'에 있다고 본다.

로즈(Rhodes)라는 학자는 '창의성'에 대해 다음과 같은 '4P 이론'을 주장했다.

1. Person(창의적인 사람)
2. Process(창의적인 과정)
3. Press(창의적인 환경)
4. Product(창의적인 생산물)

특히 테일러(Taylor)라는 학자는 1988년 "결과물이 없으면 창의성이라고 할 수 없다."라고 주장했다.

올해도 어느덧 연말에 들어섰다. 누구나 더 많이 생각할 때다. "아, 올 한 해 나는 무엇을 이루었나?" 이런저런 잡생각에 집착할 여유가 있다면 하나라도 결과물을 만들어낼 '생산'에 나서자.

"책 속에 길이 있다."라고 했다. 그러니 어서 다시 정신을 가다듬어 올해 남은 시간을 아껴 쓰며 더 열심히 학문 연구에 힘쓰고 창의적인 영향력 생산에 집중하자.

세한삼우인 소나무, 대나무, 매화나무를 문득 생각하니 아무리 추워도 내 마음까지 굳어야겠는가? 남은 날 창의적인 생각으로 굳은 이 땅에도 더 멋진 꽃을 피우는 생산에 힘써야겠다.

33

투정부릴 시간이 있으면 오늘 건강하고 자리가 있는 것에 감사하라

'물극필반 기만즉경(物極必反 器滿則傾)'이라는 말이 있다. "사물이 극에 달하면 반드시 반전하고 그릇도 물이 가득 차면 넘친다."라는 뜻이다. 즉, 사물(事物)의 형세는 발전이 최고조에 이르면 반드시 뒤집힌다는 뜻이다.

『당서(唐書)』에 보면 중국 최초로 여황제가 된 측천무후(則天武后)는 원래 당 태종의 후궁에서 고종의 황후가 되었는데 고종이 죽고 중종이 어린 나이에 즉위하자 무후가 섭정(攝政)을 했다. 중종이 친정(親政)할 수 있는 나이가 되었는데도 무후가 여전히 섭정 자리에서 물러나지 않으려고 하자 대신 소안환(蘇安桓)이 상소를 올려 이렇게 간언(諫言)했다.

"천자(天子) 중종의 보령(寶齡: 임금의 나이를 높여 부르는 말)이 이미 성년에 이르러 사리를 분별할 줄 알고 재주와 덕망도 훌륭하신데 지금까지도 보좌를 탐하는 것은 모자의 정분을 잊은 처사입니다. 제가 생각하기에 하늘의 뜻과 백성의 마음은 모두 중종을 향하고 있으니 무후께서는 아직은 편안하게 섭정하고 있지만 모든 사물이나 상황은 극에 달하면 반드시 반전하고(물극필반物極必反) 그릇도 물이 가득 차면 넘친다(기만즉경器滿則傾)는 사실을 아셔야 합니다. 제가 죽을 각오로 이렇게 간언을 올리는 것은 모두 이 나라의 종묘사직(宗廟社稷)을 위해서입니다."라며 무후의 퇴진을 권유한 데서 유래했다.

이처럼 우리가 살아가는 인생의 순리는 아무도 '물극필반'의 세상 이치를 비켜 갈 수 없음을 보여준 이야기다. 즉, 세력이 강성하면 반드시 약해진다는 세강필약(勢强必弱), 만물은 장성했다가 쇠퇴한다는 물장즉로(物壯則老), 열흘 동안 붉은 꽃은 없다는 화무십일홍(花無十日紅), 사물이 극에 달하면 반드시 반전하니 이를 환류라고 한다는 물극필반 명왈환류(物極必反 命曰環流)라는 말들을 보더라도 세상사 이치를 알 수 있다고 생각된다.

공자(孔子)가 노나라 환공(桓公)의 사당을 찾아간 적이 있었다. 생전 환공께서 늘 곁에 두고 보면서 자신의 과욕을 경계하기 위해 사용한 술잔인 이 '의기'가 계영배인데 인생사 이치에서 우리 스스로 과욕을 경계할 것을 깨우쳐 주고 있다. 달이 차면 기울고 동지가 되면 해가 길어지듯 한 시대를 풍미(風味)한 사람도 쓸쓸히 사라지는 것을 보면서 인생무상 새옹지마(人生無常 塞翁之馬), 물극필반의 세상 이치가 거짓이 아님을 이 글들을 읽으면서 다시 한번 깨닫는다.

'권불십년(權不十年)'이라고 했다. 모든 것은 때가 있고 이 세상에 영원한 것은 없다는 뜻이다. 지금 내가 잘 나간다고 교만하면 절대로 안 된다. 대단한 권좌도 언젠가는 끝이 있는 것이 세상사 이치라고 생각한다. 그러니 지금 자신의 건강이 미래까지 영원할 수 없고 우리 육신은 세월이 갈수록 노약해지고 쇠약해진다는 사실을 자각해야 한다. 또한, 지금 각자의 자리는 언젠가는 다음 세대에게 내주는 것이 순리다.

언젠가는 끝이 있는 자리를 맡아 일하고 있지만 그럼에도 앞으로 더 행복한 세상을 만들기 위해 각자의 자리에서 최선을 다하는 것이 세상사 순리라는 생각을 품어보면서 각자 자신의 자리에서 사회적 책임을 다하며 향기나는 꽃밭과 아름다운 단풍산을 충실히 만들어나가며 내 삶의 자리에 충실하겠다고 다짐해본다.

나 하나 꽃피어
풀밭이 달라지겠느냐고 말하지 말아라.
네가 꽃피고 내가 꽃피면
결국 풀밭이 온통 꽃밭이 되는 것 아니겠느냐.
나 하나 물들어
산이 달라지겠느냐고 말하지 말아라.
내가 물들고 너도 물들면
결국 온 산이 활활 타오르는 것 아니겠느냐.

'나 하나 꽃피어' -조동화-

34

가족은 함께 놀 때 더 행복하다

우리 집만의 윷놀이

윷놀이 유래 연구는 다각적으로 이루어졌지만 아직 그 정설은 없다. 부여의 관직명인 저가(猪加), 구가(狗加), 우가(牛加), 마가(馬加), 대사(大使)에서 유래했다는 설이 현재까지 가장 유력하다.

고려말 이색(李穡)은 자신의 『목은집(牧隱集)』에서 저포를 세시풍속이라고 하고 오늘날의 윷판과 같은 것으로 윷말을 써가며 저포놀이를 하는데 변화가 무궁하고 강약을 가릴 수 없는 이변까지 생겨 턱이 빠질 정도로 재미있다고 기록했다.

최세진(崔世珍)의 『훈몽자회(訓蒙字會)』와 이수광(李睟光)의 『지봉유설(芝峯類說)』에도 윷놀이 관련 기록이 있는데 특히 김문표(金文豹)의 『중경지(中京誌)』 사도설조(柶圖說條)와 이규경(李圭景)의 『오주연문장전산고(五洲衍文長箋散稿)』 사희변증설조(柶

戲辨證說條)에서도 주역과 성리학적 견지에서 윷놀이를 논술하고 있다.

『동국세시기(東國歲時記)』에서는 윷과 윷판뿐만 아니라 윷패도 자세히 기술하고 있다. 윷놀이는 삼국시대 이전에 널리 전승되었고 고려말 이전에 오늘날의 윷판과 같은 것이 쓰이면서 시(詩)에 등장할 정도로 성행했고 조선시대에는 학자들의 연구대상이 될 만큼 크게 성행했다고 한다.

윷판이 언제 만들어져 보편화되었는지는 정확히 알 수 없지만 고려말 이색의 『목은집』에 오늘날의 윷판이 등장한 것으로 미루어 고려말 이전에 완성되었다고 한다. 김문표는 『중경지』 사도설조에서 윷판 중앙의 '방혀'는 북극성이고 윷판의 바깥까지 둥근 모양은 하늘, 안의 모난 것은 땅, 윷판을 이루는 점들은 별자리를 뜻한다고 주장했다. 그리고 윷판의 네 점과 중점을 오행과 비교해 설명했는데 윷말이 윷판을 돌아 나오는 양상을 춘분(春分), 하지(夏至), 추분(秋分), 동지(冬至)에 비유해 설명하고 있다.

윷말은 '참'에서 시작해 시계 반대 방향으로 돌아가는데 윷판에 윷말을 쓰는 데는 다양한 규칙이 있어 승부에 영향을 미치는데 여기에 뒤도, 자동임신, 풍당 등의 변수가 새로 등장해 훨씬 더 큰 재미를 일으킨다.

윷과 모가 나오면 '사리'로 한 번 더 던질 수 있다. 윷패는 윷 4개를 던져 엎어지고 젖혀진 형태에 따라 도·개·걸·윷·모로 결정된다. 윷패에 따라 밭 수를 이렇게 계산하는 근거는 동물 걸음걸이에서 찾는데 도는 돼지, 개는 개, 걸은 양, 윷은 소, 모는 말을 상징한다.

윷놀이는 정월 마을 축제로 남녀노소 누구나 신나게 즐기는데 재미로도 하지만 농경사회에서 농사의 풍년을 기원하는 소망도 담겨 있다. 윷판은 농토이고 윷말은 놀이꾼이 윷을 던져 나온 윷패에 따라 움직이는 계절의 변화를 상징해 풍년을 가져오는 것으로 여겼다고 한다.

우리 집만의 윷놀이 게임

크리스마스 날 우리 집만의 윷놀이를 했다.

1. 50만 원을 준비한다.
2. 똑같은 편지 봉투를 준비한다.
3. 1만 원, 2만 원, 3만 원씩 차이를 두고 각 봉투에 넣는다.
4. 식구 4명이 참여하고 매판 짝을 바꿔가면서 진행한다.
5. 매판 승리하는 쪽(2명)만 돈봉투를 갖는다.
6. 딴 돈봉투 속의 액수는 복불복이다.
7. 윷은 각자 돌아가며 놀고 판에서 하나가 나가면 '낙'으로 무효처리한다.
8. 윷놀이가 다 끝나면 각자 돈봉투를 확인하고 최종 획득한 금액을 확인한다.
9. 윷놀이가 끝난 후 다과와 와인 등을 곁들여 가족간 대화의 시간을 갖는다.
10. 많이 딴 사람이 돈을 되돌려주는 것은 자율 의사다.

우리 집만의 윷놀이는 재미도 있고 원래 명절 때 가족에게 주려던 용돈도 나눠주는 1석2조 신개념 놀이가 되었다. 이렇게 가족에게 큰 웃음과 재미를 주는 게임이 또 얼마나 있을지 생각해보니 이 게임을 고안하신 어머니의 가족사랑에 다시 한번 감사와 우리 가족의 어머니에 대한 사랑의 마음을 전하고 싶다.

"가족은 놀 때 더 행복하다."

더 많은 '가족 놀이문화'의 발굴을 기대해본다. 사진 속 대추 윷은 집에 심었던 대추나무로 어머니가 직접 깎아 만든 55년 된 윷이다. 우리 집의 전설은 이렇게 써내려 간다.

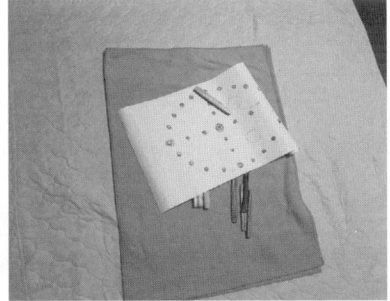
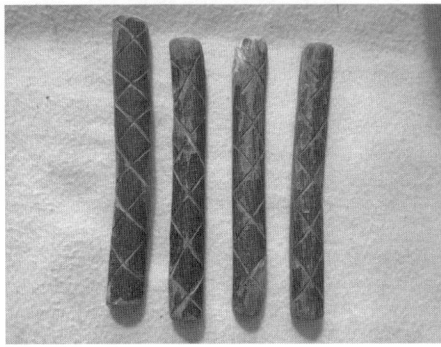

35

사랑과 따뜻한 정을 나누는
화이트 크리스마스를 꿈꾸며

"메리 크리스마스(Merry Christmas)!"

서양에서는 크리스마스, 동양에서는 성탄절이라고 부르며 기독교에서 예수 그리스도의 탄생을 기리는 날이다. 영어 '크리스마스'는 크라이스트(Christ)와 매스(Mass)의 합성어로 크라이스트는 '기름 부음을 받은 자', '구원자'라는 뜻이다. 히브리어로 '메시아'를 그리스로 번역한 그리스도를 영어식으로 다시 읽은 것이다. 여기서 구원자는 예수를 가리킨다.

'매스(Mass)'는 라틴어 동사 'mitto(보내다)'가 명사화된 'missa(파견)'에서 따온 것으로 가톨릭의 전통 예배 의식인 미사를 말한다. 즉, 크리스마스는 '그리스도의 미사'라는 뜻으로 사람들은 흔히 "메리 크리스마스(Merry Christmas)!"라고 인사를 주고받는다. 메리 크리스마스는 '즐거운 그리스도의 미사'라는 뜻이다.

크리스마스가 본격적으로 퍼져나가기 시작한 것은 교황 율리우스 1세 때로 초기 크리스마스에는 고대의 사회적 관습이 그대로 남아 1년간의 고된 시간을 보상받는 날이었다. 이런 그리스도교의 성탄절은 19세기 중엽 어린이를 중심으로 전 세계로 퍼져나가면서 크리스마스 트리, 산타클로스, 크리스마스 카드 등이 도입되었다. 그리고 대부분의 국가에서 크리스마스를 공휴일로 지정했다.

산타클로스는 4세기 터키의 작은 항구도시 미라의 대주교였던 성 니콜라스(Saint Nicholas, 270~343)의 이름에서 유래했는데 특히 아이들을 좋아했던 니콜라스 대주교는 매년 12월 6일 아이들에게 선물을 나눠주는 등 선행을 많이 베풀었다고 한다.

우리가 알고 있는 '빨간 옷의 산타클로스'는 1935년 '코카콜라 광고용'으로 만든 것으로 원래는 4세기 무렵 '성(聖) 니콜라스' 주교를 모델로 한 홀쭉하고 창백한 캐릭터였다고 한다. 올해도 우리 이웃과 사랑과 따뜻한 정을 나누는 화이트 크리스마스를 꿈꾸며 크리스마스에 이 노래를 들으며 몸과 마음이 회복되는 시간이 되길 기대해본다.

'White Christmas'

I'm dreaming of a white Christmas. 저는 화이트 크리스마스를 기대하고 있어요.
With every Christmas card I write. 저는 크리스마스 카드에 이렇게 적어요.

May your days be merry and bright. 당신의 삶이 즐겁고 밝기를.
And may all your Christmas be white. 그리고 당신의 크리스마스가
언제나 화이트 크리스마스이길.

성탄의 종소리
온 누리의 축복으로 울려 퍼질 때
미움과 미움은
용서의 강물로 흐르게 하시고
마음과 마음은
기쁨의 합창으로 메아리치게 하소서.

하늘의 은총
지상의 눈꽃으로 피어날 때
욕심과 불만은
눈처럼 하얗게 가볍게 하시고
행복과 행복이
감사의 꽃으로 찬란하게 하소서.

평화의 메시지
온누리의 숭고한 빛으로 은혜로울 때
스스로 비우고 낮추는

겸손의 목소리에 귀 기울이면

비로소 화합으로 하나 되는 세상

사랑과 사랑으로 가슴 벅찬 희망이게 하소서.

-'화이트 크리스마스를 위한 사랑의 기도' 중에서-

36

단팥은 마음으로 만드는 거야

오늘 다시 보고 싶은 영화 한 편, 「앙, 단팥 인생 이야기」

오늘은 동지날이다. 팥죽 한 그릇, 단팥빵을 먹으면서 다시 보고 싶은 영화 한 편을 소개한다.

영화 「앙, 단팥 인생 이야기」의 감독은 가와세 나오미다. 가와세 감독은 1997년 칸 영화제 사상 최연소로 28세에 장편 데뷔작 「수자쿠」로 '황금카메라상', 2007년 「너를 보내는 숲」으로 칸 영화제 최대 영예인 '심사위원대상', 2017년에는 「빛나는」으로 '에큐메니컬상'을 수상했다. 미국 영화전문지 「버라이어티」는 '칸 영화제가 가장 사랑하는 여성 감독'이라고 평가하고 있다.

이 영화는 납작하게 구운 반죽 사이에 팥소를 넣어 만드는 전통 단팥빵 '도라야키'를 파는 가게에 젊을 때 한센병을 앓아 50년 동안 격리되어 살던 도쿠에 할머니가 아르바이트하러 오면서 무뚝뚝한

가게 주인 센타로가 자신의 삶을 되돌아보고 찾아간다는 내용이다. 한 번 먹으면 잊을 수 없는 맛의 단팥을 만드는 할머니 도쿠에 역으로 일본을 대표하는 국민 여배우 키키 키린이 출연한다.

자신을 둘러싼 자연에게 매일 온몸으로 인사하는 할머니가 뭉근히 끓여낸 단팥. 따끈한 도라야키를 한입 크게 베어 물면 헛헛했던 마음이 뿌듯하게 차오른다.

"우리는 이 세상을 보기 위해, 세상을 듣기 위해 태어났어. 그러니 특별한 뭔가가 되지 못해도 우리는 각자 살아갈 의미가 있는 존재들이야." 눈물, 콧물 쏙 빼게 만든 귀여운 할머니 이야기다.

이 영화를 보면서 힘든 일이 닥치고 그로 인해 힘도 빠지지만 그 인생길에서 찾아봐야 하는 깨달음에 대한 이 영화 속 주인공들의 이야기에 빠져드는 것은 어쩌면 지금 힘든 우리 삶의 모습과 별로 다르지 않기 때문일 것이다. 알듯 모를 듯 때로는 우리를 힘들게 하는 인생이지만 그 속에는 아름답게 피어난 벚꽃을 바라보며 마음이 따뜻해지는 시간도 분명히 있을 거라는 생각을 다시 해본다.

'단팥빵'

단팥빵(アンパン: 안빵)은 안에 팥소를 넣어 만든다. 안빵은 1874년 기무라야(木村屋) 창업자 기무라 야스베이(木村安兵衛)가 차남 기무라 히데사부로(木村英三郎)와 함께 고안했다.

1875년 4월 4일 미토번(水戸藩) 무사 별장을 방문한 메이지(明治) 천황에게 야마오카 테쯔슈가(山岡鉄舟)가 안빵을 바친 이후 기무라야는 궁내성 납품업자가 되었고 천황에게 안빵을 바친 4월 4일은 '안빵의 날'로 지정되었다.

도쿄(東京) 긴자(銀座) 입구에 기무라야(木村屋)라는 7층짜리 단팥빵(앙꼬빵) 전문 건물이 보인다. 긴자의 기무라야는 모두가 아는 역사적인 명소다. 현재의 단팥빵을 인류 역사상 처음 만들어 판매한 곳이기 때문이다. 한반도에 빵이 처음 들어온 것은 1885년으로 선교사인 아펜젤러와 언더우드가 입국해 빵을 구운 것이 최초의 공인 기록으로 남아있다.

1875년 벚꽃 꽃잎을 얹은 단팥빵이 궁내 식탁에 오르고 일왕이 그 맛을 좋아했다고 한다. 기무라는 단팥빵 중앙을 눌러 그 안에 소금에 절인 벚꽃 꽃잎을 얹어 이로 인해 지금까지도 단팥빵의 중앙은 눌린 모양이라고 한다. 일본에서 단팥빵을 앙코팡(あんパン)이라고 부르는데 앙코는 단팥이고 팡은 빵이다.

동지날 저녁 혼자 읊어본다.

"단팥은 마음으로 만드는 거야."

37

개 눈에는 똥만 보인다

눈에 보이는 것이 전부가 아니고
귀에 들리는 것만 전부가 아닌
자기만의 세상에서 나와야 한다.

다음은 이성계와 무학대사의 일화다.

"대사의 얼굴은 돼지 같구려."
"전하의 용안은 부처님 같으십니다."
"어찌 그렇게 보시는가?"
"부처 눈에는 부처만 보이고 돼지 눈에는 돼지만 보이지요."

"약은 고양이 밤눈 어둡다"라는 말처럼 감언이설이나 권모술수가 너무 잘 통하고 잘 먹히는 사회가 되면 국민의식 수준은 유감스럽게도 이기심과 아집이 극도로 충만해 자기들만의 잣대("개 눈에는 똥만 보인다", 내로남불, 패거리 등)로 감언이설과 선전선동으로 국민을 현혹시키는 부끄러운 사회로 전락하고 만다.

"너희가 나를 찾는 것은 표징을 보았기 때문이 아니라 빵을 배불리 먹었기 때문이다."

사람이 '곱다' '밉다' 하는 것은 그 사람이 곱거나 미운 것이 아니고 어떤 사물이 '좋다' '나쁘다' 하는 것도 그 사물이 좋고 나쁜 것이 아니고 무엇이 '옳다' '그르다' 하는 것도 그 자체가 옳고 그른 것이 아니라 모두 제 마음이 그래서 그렇게 보는 것뿐이라고 했다.

사람들은 자기 마음에서 세상을 보고 듣기 때문에 세상을 있는 그대로 보고 듣지 못할 때가 많다. 모두 자기가 가진 마음으로 이렇게도 보고 저렇게도 보는 것이다. 더 어리석고 안타까운 것은 거짓 속에서 깨어있지 않으면서도 깨어있지 않다는 것을 모른다는 것이다. 지금처럼 어려운 상황일수록 우리는 모름지기 역사적 현실에 대한 깊은 통찰력과 한 걸음 앞서 시대를 예견하는 혜안(慧眼)을 가져야겠다.

세계적인 대문호(大文豪) 톨스토이의 단편소설『사람은 무엇으로 사는가』에서 행복한 삶의 전제 조건은 먼저 사랑과 긍정(肯定)이 되어야 하며 주어진 상황에 감사하면서 가진 잠재력을 최대한 발휘하도록 부단(不斷)히 내면을 가꾸고 매진(邁進)할 때 가능성이 보이고 새로운 길이 열린다고 했다.

일체유심조(一切唯心造)
"오늘 내가 보는 것의 진짜 '실상'의 의미를 진심으로 알고 싶다는 마음이 든다."

톨스토이는 『세 가지 질문』이라는 단편집에서 우리에게 3가지 질문을 던진다.

첫째, "내게 가장 중요한 시간은 언제인가?"
둘째, "내게 가장 중요한 사람은 누구인가?"
셋째, "내게 가장 중요한 일은 무엇인가?"

세밑 주말 아침 나를 생각에 잠기게 하는 질문들이다.

38

내 '내로남불'로 갈라치기하지 말자

'유유상종(類類相從)'

이 말은 서기 400년 무렵 제나라 선왕의 왕명을 순우곤이 받들어 여러 날 지방을 순회한 끝에 인재 7명을 데려왔는데 그것을 본 선왕이 "귀한 인재를 한 번에 7명이나 데려오다니 너무 많은 것 아니오?"라고 묻자 순우곤이 자신만만한 표정을 지으며 "원래 같은 부류의 새가 무리지어 사는 법입니다. 인재들도 그와 다르지 않아 자기들끼리 모이는 법입니다."라고 대답한 데서 유래했다.

이처럼 '유유상종'은 과거에는 인재들을 의미했지만 지금은 부정적인 의미로 더 많이 쓰인다. 서로 비슷하거나 같은 수준의 집단이 모이는 것을 말했는데 요즘은 '끼리끼리 논다'라는 비난 섞인 뜻으로 많이 쓰인다. 아마도 학연과 지연으로 인한 폐단을 유유상종으로 포장하다 보니 뜻이 반어적으로 바뀐 것 같다.

"가재는 게편, 초록은 동색, 똥은 똥끼리 뭉친다"라는 말이 있다. 우리도 살다 보면 서로 물어뜯고 으르렁거리다가도 어떤 문제에서는 끼리끼리 갈라져 유유상종할 때가 있다.

『주역(周易)』'계사편'에 "하늘은 높고 땅이 낮아 하늘과 땅의 구별이 정해졌다. 낮은 것과 높은 것이 있어 귀한 것과 천한 것이 각기 자리를 얻는다. 움직임과 고요함에 일정함이 있어 강한 것과 유순함이 결정된다. 삼라만상(森羅萬象)은 같은 종류끼리 모이고 만물은 무리지어 나누어지니 이로부터 길함과 흉함이 생긴다."라고 적혀 있다.

같은 소리는 서로 응하고 같은 기운은 서로 구한다.
물은 습한 곳으로 흐르고 불은 마른 곳으로 향한다.
구름은 용을 쫓아 일고 바람은 호랑이를 쫓아 분다.

"성인이 나오면 만물이 보고 하늘의 근본을 두는 것은 위와 친하고 땅에 근본을 두는 것은 아래와 친하니 이는 각자가 그 비슷한 것을 쫓기 때문이다."

사서삼경(四書三經) 중 하나인 『주역』에 나오는 말이다.

'덕필유린(德必有隣)'이라고도 했다. 무리가 함께 어울리는 유유상종(類類相從)처럼 덕을 갖춘 사람에게는 반드시 그와 비슷한 유덕(有德)한 사람들이 따른다는 뜻이다.

전국시대 제나라 순우곤도 '유유상종' 여기서 같은 종류대로 서로 좋아한다는 것을 인용했을 것이다.

현재도 끼리끼리 노는 것이 더 좋을 수 있다. 서로 너무 차이가 나면 부담스러울 수 있다. 요즘과 같은 비대면, 4차산업혁명, 메타버스, AI, 인공지능 등 시대변혁 상황에서 나는 누구와 유유상종할지 생각해본다.

서로 '차이'와 '같음'의 개성과 공감의 어울림으로 유유상종하는 만남을 꿈꿔본다. 그러니 내 내로남불로 갈라치기하지 말자.

39

내려놓아야 얻을 수 있다

'버디(Birdie)'는 골프 경기에서 홀의 정규 타수보다 1타 적게 홀아웃(Hole out)했을 때 사용하는 용어다. 골프 용어에서 정규 타수보다 적게 들어갔을 때 새의 이름을 빌려 용어를 정하고 있는데 1타가 적으면 새와 같아 '버디'라고 한다. 버디라는 표현은 1903년 미국 애브너 스미스(Abner Smith)가 뉴저지주 애틀랜틱시티 컨트리클럽 파 4 홀에서 2번째 샷을 홀컵 15cm 지점에 붙인 것을 두고 "샷이 새처럼 날았다(That was a bird of a shot)."라고 표현한 데서 비롯되었다.

2타가 적으면 독수리를 뜻하는 '이글(Eagle)', 3타가 적으면 더 큰 새인 '알바트로스(Albatross)', 4타가 적으면 '콘도르(Condor)'라고 한다. 반대로 1타를 더하면 '보기(Bogey)'라고 한다.

한 해를 보내는 마지막 라운딩을 다녀오면서 "마음을 내려놓아야 버디를 잡을 수 있다."라는 생각이 든다. 우리 삶의 모든 일에서도 욕심을 부리고 잡념이 많으면 결과가 나쁠 수 있다.

성공 확률을 높이려면

1. Mental(Mind Control)
2. Work hard
3. Good Partner

마음을 잘 다스리는 것이 먼저임을 다시 한번 깨닫는다.

40

사람이 곧 재산이다

항우와 우미인의 이별 이야기는 후세에까지 인기가 많아 중국 경극 '패왕별희'의 모티브가 되었다고 한다.

힘은 산을 뽑을 만하고 기운은 세상을 덮을 만한데(力拔山兮氣蓋世)
때가 불리하니 추도 가질 않는구나.(時不利兮騅不逝)
추가 가지 아니한 것을 내 어찌할 것인가.(騅不逝兮可奈何)
우야! 우야! 너를 어찌할 거나.(虞兮虞兮奈若何)

'해하가' -항우-

한나라 병사들이 이미 땅을 다 차지했고(漢兵已略地)
사방에서 들리느니 초나라 노래뿐인데(四方楚歌聲)
대왕의 뜻과 기운이 다했으니(大王意氣盡)
천한 첩이 어찌 살기를 바라겠사옵니까.(賤妾何聊生)

-우미인의 답가-

항우는 31살에 '해하대전'에서 결국 굵은 피눈물을 흘리며 우미인을 묻은 후 유방과 마지막 일전을 벌이고 오강(烏江)에서 자결해 생을 마감했다. 그로부터 천 년이 지나 당나라 시인 두목(杜牧)이 이 오강을 지나다가 시를 지었다.

전쟁에서 이기고 지는 것은 그 승패를 알 수 없는 것인데 勝敗兵家不可期
수치를 참고 이겨내는 것이 진짜 사내 아니던가. 包羞認恥是男兒
강동의 자제들은 뛰어난 인재가 많은데 江東子弟多豪傑
다시 세력을 키워 후일을 도모했다면 그 결과를 뉘가 알리오. 捲土重來未可知

-제오강정(題烏江亭)-

위 시에는 훗날을 기약하지 않고 자결을 선택한 항우에 대한 안타까운 마음이 담겨 있다.

한 해를 보내는 주말 아침 항우의 사랑과 죽음을 안타깝게 생각하며 불세출의 영웅 항우의 실패한 리더십을 돌아보며 새해의 성공 전략을 생각해본다.

훗날 천하를 통일한 유방이 자신이 항우를 물리치고 패자(覇者)가 될 수 있었던 요인을 술회한 것이 사마천의 『사기(史記)』의 고조본기(高祖本紀)에 다음과 같이 기록되어 있다.

"본영에서 지략을 짜고 천리 밖에서 승리를 결정짓는 점에서 나는 장량에 미치지 못한다. 그리고 내정의 충실, 민생의 안정, 군량 조달, 보급로 확보라는 점에서 나는 소하에 미치지 못한다. 아울러 백

만대군을 자유자재로 지휘하며 승리를 거두는 점에서 나는 한신에 미치지 못한다. 이 세 사람 모두 나를 능가하는 걸물이다. 하지만 나는 그 걸물들을 적절히 기용하는 법을 알았다. 이것이야말로 내가 천하를 얻은 유일한 이유다. 항우에게는 범증(范增)이라는 인재가 있었지만 그는 이 한 사람조차 활용하지 못했다. 이것이 바로 내가 이긴 이유다."

오늘 다시 생각해보니 리더가 리더십을 발휘하는 것이 아니라 리더십을 발휘하는 그 사람이 바로 리더라는 사실을 깨달았다. 오늘날 리더에게 중요한 것은 구성원들이 참여지향적으로 활기차게 각자의 임파워먼트를 발휘하도록 조직문화의 변화, 의사결정 과정의 민주성, 조직풍토(조직의 건강)의 공정성을 조성해내는 '변혁적 리더십'을 스스로 갖추는 것이라고 생각해본다. 결국 늘 조직의 승리(성공) 요인은 'Leadership' 나아가 'Followership'일 수 있다는 것이다.

41

심보를 곱게 써라

'심보(心包)'는 마음을 쓰는 속바탕을 말한다. 아인슈타인은 어제와 같은 삶을 살면서 변화를 바란다면 그것은 미친 짓이고 도둑놈 심보라고 말했다. 말이 험한 사람의 삶은 자신이 선택한 언어 때문에 더 꼬이고 힘들어질 수 있다. "이 세상에서 복 받으며 잘 살아가려면 심보를 곱게 써라"라는 말도 있다. 자기가 하지도 않고서 마치 자기가 다 한 것처럼 말하는 것은 '도둑놈 심보'일 것이다. "심보를 곱게 써라", "심보가 고약하다"라는 표현이 있다. 그리고 전통의학에서는 오장(心, 肺, 肝, 脾, 腎)에 심포(心包)의 장(臟)을 하나 더 추가했다.

'고추밭에 말 달리기, 논두렁에 구멍 뚫기, 죄 없는 놈 뺨치기, 빚값에 계집 빼앗기, 아이 밴 계집 배 차기, 애호박에 말뚝박기, 우리 논에 물 터놓기, 우는 아이 똥 먹이기, 우물 밑에 똥 누기, 이 앓는 놈 뺨치기, 패는 곡식 이삭 뽑기' 등은 판소리 '흥부전'에 등장하는 놀부의 심술궂은 심보를 묘사한 장면이다. 행동 하나하나가 고약하기 짝이 없다.

어느새 12월 2주째도 지나간다. '흥부전'을 다시 읽으며 『조선 잡사』(민음사, 2020)에 소개된 조선시대 67가지 직업 중 하나였던 '매 품팔이'가 떠올랐다. 얼마나 가난했으면 대신 매를 맞아가며 돈을 벌어야 했을까? 먹고 사는 일은 당시나 지금이나 정말 어렵기만 한 것 같다. '흥부전'에서 미련할 정도로 착하기만 했던 흥부는 안타깝게도 매를 맞아 돈을 벌 기회는 잃었지만 부러진 제비 다리를 고쳐줘 결국 큰 복을 받고 마무리된다.

세밑이 더 가까워지는 요즘 각자 차가운 현실의 삶을 마주해 치열한 경쟁 속에서 결실을 하나라도 더 얻으려면 다른 일에 마음 쓸 여유가 없고 경황도 없을 것이다.

하지만 그럴수록 우리 자신이 '놀부의 심보'가 아닌 '흥부의 심보'를 품고 이웃과 따뜻한 사랑의 정을 하나라도 더 나누는 '고운 심보'를 발휘해보자.

42

대확행 말고 소확행하라

'복생어미(福生於微)'

"복은 작은 데서부터 싹이 튼다." -출전: 설원(說苑)-

코로나 상황의 지속은 우리 자신을 행복하게 만드는 요소를 다시 생각하게 한다. 일상 속 '소확행'을 통해 시간을 어떻게 보내야만 참 즐거움과 찐 행복을 느낄 수 있는지 새로 발견하거나 재해석하고 있다.

"우리가 서로에게 정말 필요하다는 것을 진정으로 깨닫는 시간이다."

오늘 아침 옥상 정원에서 감을 따러 가
빗자루로 골프 스윙 연습을 하며 문득 든 생각
이 시간을 더 감사하며 행복이 뭔지 다시 느끼며
가을 주말 아침을 달려나간다.

일상이 즐거우면 행복하다.

43

골프를 쳐보면 어떤 사람인지 알 수 있다

'대인춘풍 지기추상(待人春風 持己秋霜)'

『채근담』에 수록된 이 말은 남을 대할 때는 봄바람처럼 따뜻하게 하고 자신에게는 가을 서리처럼 차갑게 대하라는 뜻이다. 사람은 자기 일에는 한없이 너그러워지기 쉬우므로 이를 경계하라는 깊은 의미를 담고 있다.

골프는 혼자가 아닌 동반자와 함께하는 운동이다. 흔히 첫 홀에서 아마추어 골퍼들의 티샷이 OB 선상에 떨어지면 2벌타를 받아 후속 플레이가 크게 위축되는 경우가 많다. 이때 "나중에 하나 더 치고 나가시죠."라며 동반자를 배려해 아마추어끼리 서로 너그럽게 상대방을 배려하는 마음 자세가 '대인춘풍'이다. 하지만 자신의 티샷이 OB 선상에 떨어지면 룰을 엄격히 적용해 "2벌타를 먹고 OB 티에서 치겠습니다."라고 말하는 것은 '지기추상'이다.

이처럼 스코어에 연연하지 않고 매너와 에티켓을 최우선으로 지키며 플레이한다면 라운딩 후에도 지인들 사이에서 존경과 신뢰를 꾸준히 받을 것이다. 그 반대의 경우는 말할 필요도 없다. 골프를 함께 쳐보면 어떤 사람인지 알게 된다고 흔히 말한다. 인간관계 속에서도 너무 '내로남불' 식으로 행동하는 사람이 많다.

"사람이 재산이다"라는 평소 생각을 다시 한번 떠올리며 '소탐대실'하지 않고 '외유내강'하며 더 따뜻하고 넓은 사랑의 마음으로 내 삶의 동반자들과 함께할 즐거운 다음 라운딩의 설렘을 품어본다.

44

땀으로 거둔 열매는 보석과 같다

오늘 낮에 머루 열매를 따 지금 밤늦게까지 한 알 한 알 꼭지에서 머루 열매 알맹이만 따내는 작업을 하다가 문득 생각해봤다. "'티끌 모아 태산'이라는 말이 현실에서 이루어질 수도 있겠구나!"

지금 우리 앞에 어떤 어려움이 있더라도 '긍정의 힘'으로, '할 수 있다'라는 믿음으로 하나씩 하나씩 꾸준히 극복해 나가다 보면 얻고 싶은 그 꿈을 마침내 이룰 수 있다는 희망을 품어본다.

가을 머루 수확 작업장에서~

머루는 긴 여름 불볕 속에서도 참고 견뎌 보석(알)이 되었다.

45

'인생삼락(人生三樂)'을 즐겨라

공자는 『논어』 첫머리 '학이(學而)'편 1장에서 이렇게 표현했다.

즐거움 하나.
붕우자원방래 불역락호(朋友自遠方來 不亦樂乎) 먼 곳에서 벗이 찾아오니 또한 즐겁지 아니한가.

즐거움 둘.
학이시습지 불역열호(學而時習之 不亦說乎) 배우고 때때로 익히면 또한 기쁘지 아니한가.

즐거움 셋.
인부지이불온 불역군자호(人不知而不慍 不亦君子乎) 사람들이 나를 몰라주더라도 화를 내지 않으면 이 또한 군자가 아니겠는가.

공자는 사람이 좋아하는 것 중 유익한 3가지 좋아함으로 예악을 알맞게 지킴을 좋아하고 남의 좋은 점 말하기를 좋아하고 어진 벗이 많은 것을 좋아하면 유익하다고 말했다.

반대로 손해가 나는 3가지 즐거움도 적시했다. "지나치게 쾌락을 좋아하고 편안히 노는 것을 좋아하고 연락을 좋아하면 손해가 된다."

오늘은 모처럼 지인들과 즐겁게 늦여름의 하루를 보냈다.

"즐겁지 않으면 인생이 아니다." 요즘처럼 서로 얼굴도 보기 힘들 때 함께한다는 것과 인생의 유익한 즐거움을 생각해봤다.

46

자연의 순리가 가장 아름답다

이 색상을 눈으로 직접 느낄 수 있는 것은 자연 속에서의 만남뿐인 것 같다.

이 푸르름: 녹색(소나무)
이 풍요함: 적색(고추, 토마토)
이 따뜻함: 노란색(참외, 옥수수)

이제 마음껏 먹으며 '물아일체'를 내 마음속에 품어본다.

양평에서 자연을 벗삼아 수확물(참외, 옥수수, 토마토)로 점심 한 끼 먹방 중에~

47

더위 먹지 말라

더위는 먹는 음식도 아닌데 왜 먹는다고 표현했을까?

여름철의 더운 기운이 '더위'다. '서기(暑氣)', '서열(暑熱)'이라고도 하며 반대말은 '추위'다. '무더위', '불볕더위', '땡볕더위', '삼복더위', '찜통더위', '한더위' 등 종류를 세분하기도 한다. 우리 민족의 풍속 중에 음력 정월 대보름에 하는 '더위팔기'가 있다. 여름만 되면 더위에 지쳐 아픈 사람들이 있었기 때문에 이런 풍속이 있었다. 옛날에는 더위를 먹어 죽는 사람도 종종 있었다.

'더위'에는 '더운 기운'이라는 뜻 외에 '더위 때문에 생기는 병'이라는 뜻도 있다. 따라서 '더위 먹다'라는 말은 "더위 때문에 몸에 이상이 생기다"라는 뜻이다. '먹다'에는 '음식을 먹다' 외에도 '뭔가를 하거나 어떻게 되다'라는 뜻도 있기 때문이다. '가는 귀먹다', '겁먹다', '욕먹다', '잊어먹다' 등의 표현이 그런 경우다. -어학사전 중에서-

오늘 중복날 생각하는 한마디

힘든 일상 우리 모두 (더위 먹지 말고)

건강 잘 지키며 일상 회복을 위해 힘내시길 응원합니다.

저도 문어 숙회로 원기를 회복해보려고 합니다.

중복 점심시간에~

48

내가 흘린 땀은
결코 배신하지 않는다

'이열치열(以熱治熱)'

무더위 나의 내면(內面)을 열정으로 더 태워본다.
"내가 흘린 땀은 배신하지 않는다."

"Practice makes me perfect!"
한 학기 선한 영향력을 발휘하기 위해 열정을 다해 뛰었다.

교육의 즐거움은 임금 노릇을 하면서 얻는 것보다 크다.

군자유삼락 이왕천하 불여존언 君子有三樂 而王天下 不與存焉
부모구존 형제무고 일락야 父母具存 兄弟無故 一樂也
앙불괴어천 부부작어인 이락야 仰不愧於天 俯不怍於人 二樂也
득천하영재이교육지 삼락야 得天下英才而敎育之 三樂也

"군자에게는 3가지 즐거움이 있는데 천하의 왕이 되는 것은 그것에 포함되지 않는다.

부모가 모두 살아계시고 형제가 무고한 것이 첫 번째 즐거움이고 하늘을 우러러 부끄러움이 없고 굽어 사람에게 부끄럽지 않은 것이 두 번째 즐거움이고 천하의 영재를 얻어 교육하는 것이 세 번째 즐거움이다."

언제 어디서 무엇을 하든 이열치열하며 내가 가진 선한 영향력을 더 열정적으로 발휘하자.

49

언제나 그립고 주신 사랑
잊지 않겠습니다

현충일이었던 오늘 많이 더웠죠? 아버님(아래 사진 왼쪽)께서 1952년 한국전쟁 당시 참전용사로 영장을 받고 군대에 입대하던 당일 찍은 귀중한 사진입니다. 7사단에서 복무하시고 제대하셨습니다. 볼수록 많은 생각에 잠기게 되네요.

50

내 인생에 Pause는 있어도 Stop은 없다

점심으로 벌교 꼬막 정식과 피꼬막 꼬치구이까지. 원기가 회복되는 기분이다. 디저트로 커피 한 잔. 열심히 일하고 맛있게 먹고 잠시 차 한 잔 쉼의 일상이 당신에게는 보약입니다.

언제든 다시 뛴다.

"열심히 일한 당신, 이젠 쉼을 가져라."

휴식(休息)은 하던 일을 멈추고 잠시 쉬는 것을 말한다.

"내 인생에 Pause는 있어도 Stop은 없다!"

51

노력하지 않은 사람은 기대할 것도 없다

'교학상장(敎學相長)'

"노력하지 않은 사람은 기대할 것도 없다."

'교학상장'은 『예기(禮記)』 '학기(學記)'편에 나오는 말이다.

수유가효불식부지기지야 雖有嘉肴不食不知其旨也
수유지도불학부지기선야 雖有至道不學不知其善也
시고학연후지부족 是故學然後知不足
지부족연후능자반야 知不足然後能自反也
지곤연후능자강야 知困然後能自強也
고왈교학상장야 故曰敎學相長也
열명왈효학반기차지위호 說命曰斅學半其此之謂乎

좋은 안주가 있어도 먹어보지 않으면 그 맛을 모르고
지극히 옳은 도가 있어도 배우지 않으면 그 좋은 것을 모른다.

그러니 배우고 나서야 자기의 지덕이 모자람을 알게 되고 가르치고 나서야 자기의 지덕이 아직 미숙해 곤고를 겪는다는 것을 알게 된다.
자기의 지덕이 모자람을 알고 나서야 능히 반성해 면학하게 되고 곤고한 것을 알고 나서야 능히 힘쓰게 된다.
그러므로 "가르치는 것도 배우는 것도 함께 지덕을 성장시키는 것이다"라고 말하는 것이다.
열명에도 이르길 "가르치는 것은 반은 자기가 배우는 것과 같다"라고 했는데 이를 두고 하는 말일 것이다.

'교학상장'은 "가르치는 것도 배우는 것도 함께 지덕을 성장시킨다"라는 뜻으로 문맥상 "가르쳐봄으로써 비로소 자신의 부족함을 알게 되고 그 부족함을 알게 됨으로써 학문에 더 힘쓰게 된다"라는 의미이니 사실상 결국 "가르치는 것은 배우는 것과 다르지 않다"라는 의미로 볼 수 있을 것이다.

교육 현장은 사랑하는 만큼 함께 성장하며 즐겁다.

52

사랑을 더 붉게 빚어라

겨울 준비는 김장으로 시작한다. 매년 이맘때쯤 양평 집에 배추, 무, 쪽파, 갓, 고추를 심어 수확한 농작물로 직접 김장한다. 배추를 뽑아 절이고 씻고 무, 갓 등도 뽑아 준비한다.

어머니 고향인 서천에서 가져온 고갱이 젓갈을 해마다 넣는다. 씻고 또 씻고 또 씻고 가족이 먹을 음식은 정성이 제일이다.

무채도 칼로 직접 썬다. 식감이 더 난다고 고집스럽게 한다. 태양초 고추장도 듬뿍듬뿍. 붉은 맛으로 사랑을 빚는다.

김장하면 어머니 손맛, 가족의 사랑 그리고 서로 오손도손 나누는 이야기들이 함께 버무려 들어간다.

흰 배추와 무는 사랑이 더해질 때 어느덧 붉게 더 짙은 붉은 빛으로 빚는다. 김장독에서는 배추가 익어가고 사랑도 익어간다. 붉게 붉게 더 맛이 든다. 김장은 혼자 하는 일이 아니라 함께 사랑을 섞어

담는 보물함 같다.

언제나 열어볼 때마다 사랑의 맛소리, 사랑의 맛향기, 사랑의 붉은 빛에 함께 감동을 느낀다.

53

'무'에서도 꽃을 다시 피워내자

이 추운 겨울에도 거실에
무꽃이 활짝 피어난 것을 보며
새해에는
우리 모두의 가슴에
희망꽃이 활짝 만개하길 기원합니다.

이 세상 사람들 모두 잠들고
어둠 속에 갇혀 꿈조차 잠들 때
홀로 일어난 새벽을 두려워하지 말고
별을 보고 걸어가는 사람이 되어라.
희망을 만드는 사람이 되어라.
겨울밤은 깊어 눈만 내려
돌아갈 길 없는 눈 내리는 오늘 밤도
하루 일을 끝낸 작업장 부근
촛불도 꺼져가는 어두운 방에서
슬픔을 사랑하는 사람이 되어라.
희망을 만드는 사람이 되어라.
절망도 없는 이 절망의 세상
슬픔도 없는 이 슬픔의 세상
사랑하며 살아가면 봄눈이 온다.
눈 맞으며 기다리던 기다림 만나
눈 맞으며 그립던 그리움 만나
얼씨구나 부둥켜안고 웃어보아라.
절씨구나 뺨 비비며 울어보아라.
별을 보고 걸어가는 사람이 되어
희망을 만드는 사람이 되어
봄눈 내리는 보리밭길 걷는 자들은
누구든 달려와 가슴 가득
꿈을 받아라.
꿈을 받아라.

'희망을 만드는 사람이 되어라' -정호승-

54

잃은 것이 전부는 아니다

학생들에게 잘난척하며 내가 아는 지식을 가르치려는 것을 내려놓는 데 20여 년이나 걸렸다. 이제 학생들 스스로 알고 더 많이 말하게 하는 데 주안점을 둔다. 그냥 자신의 역할은 '이렇게 하면 어떨까?'라면서 학생들 스스로 방향을 잡도록 조언해주는 데 초점을 맞춘다.

『교직 실무』'학생중심 교육관' 중에서 － 고광혁 －

미련 없이 살아야만
버리는 것도 과감할 수 있다.
이것은 물질, 정신 모두에 해당한다.

'더 늦기 전에 더 잃기 전에' 중에서 － 서정현 －

겨울이 지나면 봄이 오고
봄이 가면 여름이 와요.
잡념을 놓으면 일심이 생기고
일심을 잃으면
망념이 가득해져요.

　　　　　'자전거 타고 가며 보는 세상' 중에서 -나상호-

오늘 코로나19로 거리두기 2단계 시행 첫날을 맞아
잃어버린 것이 많다는 생각만 들겠지만
우리 일상에 대한 감사, 이웃 간의 만남, 신선한 공기와 공존,
그리고
사람과의 끈끈한 사랑의 소중함 등을 오히려 얻었다고 생각하고
함께 힘을 더 내보자.

55

사랑은 함께 빚는 것이다

"떡 본 김에 제사 지낸다"는 우연히 운 좋은 기회에 하려던 일을 해치운다는 뜻이다.

'~을 빚다'

1. 흙 따위의 재료를 이겨 어떤 형태를 만들다
2. 가루를 반죽해 만두, 송편, 경단 따위를 만들다
3. 지에밥과 누룩을 버무려 술을 담그다
   (유의어: 담그다, 만들다, 초래하다)

오늘 가족과 떡을 빚었다.
이것이 진정한 가족의 맛이다.
우리가 농사지은 쑥, 우리가 딴 솔잎, 우리가 짜낸 참기름
우리에게 소중한 것임을 새삼 맛으로 느꼈다.
꿀맛이다.

떡을 빚는(만드는) 과정은 바로 가족 간의 정 나누기, 사랑 만들기, 우리 집만의 맛 담그기, 행복 부르기 그 자체다.

답답한 시기에 맞이하는 추석 명절이지만
멋진 행복의 웃음을 빚는 한때 만들기를 시작해 보시기 바랍니다.
건강하고 행복한 명절 되세요.

56

아는 만큼 성숙해진다

"삶도 공도 쳐내는 것이 아니라 그냥 지나가는 것이다."

57

같은 말을 쓰는 것이 사랑이다

'훈민정음'은 세종 때인 1443년 창제되어 1446년 반포되었다. 28자를 만들어 4자가 소멸되어 현재 24자가 쓰이고 있다. 창제 동기는 훈민정음 서문에 나타난 '자주, 애민, 실용'이다.

훈민정음은 '정음', '언문', '언서', '반절', '암클' 등으로 불리다가 19세기 말 '국문'으로 불리게 되었고 1910년대부터 '한글'로 부르고 있다. '한글'이라는 말이 쓰이게 된 것은 1907년부터 주시경이 '하기 국어 강습소' 운영을 시작해 1908년 '국어연구학회'(한글학회의 전신)를 창립하고 1911년 '국어'라는 말을 못 쓰게 되자 학회 이름을 '배달 말글 몯음'으로 바꾸었다가 1913년 다시 '한글모'로 바꾸었고 1927년 기관지 「한글」을 펴내면서 널리 쓰이게 되었다.

'한'은 '하나', '큰'이라는 뜻으로 한국 글자에 권위를 부여한 이름으로 '정음'이라는 이름과 그 정신이 일맥상통한다고 하겠다.

한민족
한글
한마음
한사랑

58

변혁하는 자가 살아남는다

"생각하라. 행동하라. 변화하라."
남은 한 해 D-41

공자는 『논어(論語)』 '위정(爲政)'편 11장에서 "자왈(子曰), 온고이지신(溫故而知新) 가이위사의(可以爲師矣)"라고 말했다. 즉, "옛것을 두텁게 익혀 새것을 알면 다른 사람들의 스승이 될 수 있다"라는 뜻이다. 이 말씀의 핵심은 '새로운 것' 신(新)보다 '옛것' 고(古)에 방점을 두고 있다고 생각한다.

한 해가 저물어간다. 이제 혹 지나간 (옛것)들에서 우리 삶에 무엇이 중요했는지 생각하고 행동하고 변화하고 그것을 잊지 말고 다시 깨달아 새해를 맞아 펼쳐질 '새로움'을 꿈꿔나가자.

59

잊혀진 사람이 가장 불행하다

오늘은 '하지(夏至)'여서 무척 덥다.

* 하지: 1년 중 낮이 가장 긴 날

점심식사 후 차 한 잔의 여유를 즐기다가 벽에 적힌 문구를 보고 깜짝 놀랐다.

"Material things lost can be found. But there is one thing that can never be found when it is lost. – 'Life'."

잃어버린 물질적인 것들은 되찾을 수 있지만 '인생'은 한 번 잃으면 절대로 되찾을 수 없는 유일한 것이다.

그래서 사랑하는 사람에게 함께 곁에 있어줘 고맙다고 막 전화를 걸어본다.

60

유물은 추억을 남긴다

내 손목시계

1993년 2월 6일. 31년 전 아내와 결혼하면서 결혼 예물로 받은 시계를 나는 지금까지도 소중히 여기며 감사하게 잘 차고 있다. 결혼 당시 시계가 있던 나는 시계를 사주겠다는 말에 더 필요하지 않다며 몇 번이나 거절했지만 아내와 장모님은 남자는 시계 하나 받는 것이 결혼식 때 의미가 크다며 백화점에 세 번이나 가고서야 나도 그냥 사기로 마음을 바꾸었다.

그동안 잘 차오던 시계를 약 10년 전 명동 롤렉스(Rolex) 매장을 우연히 방문했다가 손목시계는 한 번씩 청소를 해줘야 좋다는 담당자분의 말을 듣고 수리를 맡기고 한 달쯤 후 찾아간 적이 있다.

그렇게 별 문제없이 잘 쓰던 시계가 2021년 연말 무렵 바늘이 멈추자 롤렉스 매장을 다시 찾아가 상담을 받고 수리를 맡겼고 두 달쯤 후 수리를 모두 마친 시계를 찾으러 갔다.

결혼 당시는 이렇게까지 생각하지 못한 시계라는 물건이 결혼생활 내내 내 몸에 항상 붙어 있었고 오늘까지도 오랫동안 아무 문제 없이 잘 차고 있다는 사실이 새삼 의미 있게 생각되었다.

약 200만 원의 수리비가 나오자 아내는 자신이 영원히 A/S를 맡겠다며 바로 결제해주었다. 수리비 금액에도 무척 놀랐지만 그것을 떠나 결혼할 때 명품시계를 선물해준 것도 고맙고 이렇게 오늘까지 그런 마음으로 나를 바라봐주는 것도 정말 고맙고 너무 기분 좋았다. 결혼 예물시계는 여러 가지 의미가 있다는 생각을 해보면서 다시 찾아 새로 찬 내 손목시계를 보니 그동안 못 느꼈던 여러 생각이 들었다.

'시계(時計)'는 시간을 알려주는 기계 전반을 말한다. 기원전 2천 년 고대 이집트에서는 이미 12진법을 사용해 하루를 12시간으로 나누었는데 달력 역법에 근거해 시간이 계산되어 1년 12달 360여 일, 1달 30여 일, 1일 12시간으로 나누었다. 정확히 말하면 고대 이집트에서는 점성술에 기반해 지구가 자전하는 동안 규칙적으로 나타나는 36개 항성군(십분각, Decans)을 바탕으로 밤시간을 측정했고 이때 어떤 항성이 밤하늘에 보이고 보이지 않는지를 근거로 물시계로 시간의 흐름을 측정했다. 그렇게 밤시간을 10등분하고 일몰과 일출을 더해 12시간으로 나누었다고 한다.

한편, 낮시간 개념은 해의 움직임과 관련 있었다. 기원전 147~127년 천문학자 히파르코스는 하루를 24시간(밤낮 각각 12시간씩)으로 나누었다. 낮시간과 밤시간이 같아지는 춘분과 추분을 기초로 시간을 계산할 것을 제안했지만 계산법이 난해해 매우 오랫동안 받아들여지지 않았다고 한다.

1시간을 60분으로 나눈 것은 그리스 천문학자 에라토스테네스(Eratosthenes, 기원전 276~194)의 아이디어에 기반하는데 그는 지구를 60등분해 경도를 설정했다. 그로부터 1세기 후 히파르코스를 거쳐 프톨레마이오스가 자신의 저서『알마게스트(Almagest)』에서 히파르코스의 원의 각인 360도를 60등분해 지구의 모든 6도마다 위도와 경도를 설정하는 개념을 발전시켰고 60등분한 이 원을 다시 60으로 나누어 더 작은 단위를 설정해 각각 'Minutae Primae'(제1단위), 'Minutae Secundae'(제2단위)로 명명했고 이것이 시간에도 반영되어 분(Minute)과 초(Second)의 어원이 되었다고 한다.

다양한 시계 제조사가 있지만 소위 명품시계를 만드는 고급 브랜드들은 태엽을 감아 동력을 공급하는 기계식 시계를 전문으로 만들며 전기로 움직이는 쿼츠(Quartz) 시계는 아예 만들지 않거나 제한적으로만 만든다.

쿼츠가 기계식보다 제조비용이 낮고 성능도 우수하지만 스마트 워치와 같은 전자기기와 경쟁할 수 없기는 마찬가지여서 기계식 시계 특유의 감성, 높은 가격으로 부를 과시하는 기능, 수작업을 통한 정성과 희소성을 앞세우는 전략을 택했다고 볼 수 있다고 한다.

이처럼 일반적으로 최고 시계 브랜드로는 '파텍 필립'을 꼽으며 그 다음으로 '바쉐론 콘스탄틴'까지는 이견이 없는 편이고 여기에 '오데마 피게', '브레게', '아 랑에 운트 죄네'까지를 5대 브랜드로 간주한다. 개인마다 인지도, 기술력, 마감 등을 고려해 '예거 르쿨트르'를 추가하기도 한다.

새해 첫 주말을 맞아 늘 차고 있는 내 손목시계를 보며 이런 노랫말이 떠올랐다.

사는 게 뭐 별거 있더냐.
욕 안 먹고 살면 되는 거지.
술 한 잔에 시름을 털고
너털웃음 한 번 웃어보자.
세상아!
시계바늘처럼 돌고 돌다가
가는 길을 잃은 사람아!
미련 따윈 없는 거야.
후회도 없는 거야.
아~ 아~
세상살이 뭐 다 그런 거지, 뭐.

61

나만의 아침시간 루틴을 만들자

2016년 출간된 『미라클 모닝』에서는 일과가 시작되기 전 이른 아침에 일어나 운동이나 공부, 독서 등의 루틴을 만들어 실행하면 '미라클 모닝'이 생긴다면서 자신만의 특별한 루틴을 만들어 실천할 것을 강조한다.

또한, 2021년 출간된 『성공한 사람들의 기상 후 1시간』에서도 세계적인 명사 64명의 64가지 모닝 루틴을 인터뷰 형식으로 10장에 그 내용을 담았는데 올림픽 금메달 3회 수상자 레베카 소니, 픽사(Pixar)와 월트 디즈니 애니메이션 스튜디오 사장 에드 캣멀, 삶을 바꾸는 정리 컨설팅의 달인 마리에 곤도 등이 등장한다. 그들은 대체로 5~6시에 일찍 일어나는 편이고 아침 운동, 커피, 독서, 아침식사 등 각자 평범하면서도 다채로운 일과의 아침 루틴 모습을 소개하고 있다.

이처럼 매일 아침 수행하는 몇 가지 반복적인 습관이 하루를 더 생산적, 계획적으로 만든다면 '나만의 모닝 루틴 만들기'에 1시간가량 투자해 유용한 생활 습관을 직접 실천하며 삶에 적용해 나가는 것은 가치가 있고 필요하다고 생각한다.

나의 아침시간 루틴

1. 맨 먼저 가볍게 양치한다.
2. 아침 기도(명상)를 한다.
3. 상온수 한 잔을 마신다.
4. 유튜브로 주요 뉴스를 시청하며 스케줄 목록을 보며 하루 주요 일정을 확인한다.
5. 스트레칭한다.(준비운동식)
6. 아침식사는 요거트(견과류나 야채 추가) 간편식으로 한다.
7. 식사 후 보리커피 '크라스탄 오르조' 한 잔을 마신다.
8. 가족(아내와 아들)을 안아준다.
9. 응원의 메시지를 서로 나눈다.(사랑해, 오늘도 행복하자!)
10. 드레스 코디는 일정에 맞춰 완성한다.

"하루 중 맨 먼저 하는 일이 내게 미치는 영향력이 가장 크다. 그것이 나머지 하루에 대한 내 마음가짐과 환경을 설정하기 때문이다. 기회는 우리가 잠든 틈에 도망친다. 알람을 끄기 위해 정지 버튼을 누르고 침대에서 뒤척이는 행동은 내가 누릴 수 있던 멋진 하루와 위대한 삶을 거절하고 한걸음 물러나는 습관이 될 수밖에 없다."

-『습관이 나를 만든다』중에서-

62

어떻게 살아갈 것인가?
선택은 자신의 몫이다

배부른 것 지금
마음 부른 것 내일

사랑하는 사람과
맛있는 것도 먹고
즐거운 시간을 보내는
이 밤의 시간이
소박한 행복을 누리는
메리 크리스마스~ 찐맛이 아닐까.

이수역 9번 출구 옆에 위치한
천만 먹방 유튜버로 유명한
'쯔양 돈까스 본점'에서

아내와 먹방을 즐기고
사당역을 거쳐 상도역을 지나 중앙대 캠퍼스까지
2시간가량 걸으며 웃고 이야기 나누며
크리스마스 이브 밤시간을 행복하고 소박하게 즐겼다.

사랑받는 것도 좋지만
사랑을 주는 것은 더 좋다.

예수님이 우리 곁에 오신 날의 의미가 '사랑'이라는 생각을 다시 해 보았다.

여러분!
크리스마스의 사랑
크리스마스의 축복
크리스마스의 평안
크리스마스의 기쁨
크리스마스의 행복
모두 은혜 받으시길 기도합니다.

63

겉이 아닌 속이 차야 한다

어느덧 동짓날 아침이다. 올 한 해라는 라운딩도 이제 마지막 18홀에 와 있다는 생각이 든다.

그런 의미에서 18홀 teeing ground에 선 지금
1번 드라이버 티샷
2~3번 아이언샷
1번 어프로치샷
1번 퍼터가 남아 있다고 생각한다면

"끝나고 쳐맞고 후회하지 말고 마무리 계획을 잘 가다듬고 필드에 서자."

"라운딩 승부에서는 지더라도 라운딩 플레이어로서의 품격만큼은 절대로 지지 말자."

(동짓날 모닝커피 한 잔하며~)

64

멋있는 사람은 늙지 않는다

가을이 깊어간다.
생각도 깊어진다.
사람이 깊어져야
행복도 깊어진다.

멋지게 살고 싶다. 멋지게 사는 법을 연구한다. 멋지게 사는 것이 늙지 않는 방법이다.

내면이 멋진 사람

내 그릇을 키우자.

한 번 멋지게 살다 보면 계속 멋지게 살 수 있다.

65

중요한 것은
생각이 아니라 생산이다

우리 속담에 "방귀 뀐 놈이 성낸다"는 "자기가 잘못해놓고 오히려 남을 나무란다."라는 뜻이다.

같은 뜻으로
"문비(門神)를 거꾸로 붙이고 환쟁이만 나무란다."
"소경이 개천 나무란다."
그리고 남의 은혜를 갚기는커녕 오히려 배신한다는 뜻의 "물에 빠진 놈 건져주니 봇짐 내놓으라 한다." 등이 있다.

조선 인조 때의 학자 겸 시평가(詩評家) 홍만종(洪萬宗)의 문학평론집 『순오지(旬五志)』에 '적반하장'의 풀이가 나온다. 『순오지』에서 적반하장은 "도리를 어긴 사람이 오히려 성을 내고 업신여긴다(賊反荷杖以比理屈者反自陵轢)."로 풀이되어 있다.

이처럼 '적반하장'은 잘못한 사람이 잘못을 빌거나 미안해하긴커녕 오히려 성을 내며 잘한 사람을 나무라는 어처구니없는 경우에 '기가 차다'라는 뜻으로 흔히 쓰인다. 즉, "적반하장도 유분수지 누구한테 큰소리냐?", "사람을 때린 놈이 오히려 맞았다고 큰소리니 적반하장도 정도가 있지." 등으로 쓰인다.

비슷한 뜻으로 '책인즉명(責人則明)'이 있다. 즉, 자기 잘못은 덮어두고 남만 나무라는 것이다. 무슨 일만 터지면 오리발부터 내미는 요즘 세상사를 보고 듣노라면 바깥 날씨의 열기보다 더 울화(鬱火)로 가슴이 타는 듯 불이 난다.

무슨 문제든 외부에서 잘못의 원인을 찾기보다 자신의 내면에서부터 잘못의 원인을 찾고 문제의 원인 파악(남탓)에만 집중하기보다 문제해결 방법을 찾는 데 더 집중하는 생산적인 의논의 열기가 뜨거운 더 성숙한 노력이 우리 모두에게 필요한 것 같다.

즉, "목표보다 방향이고 생각보다 생산이다."
지금 나는 생각에 그친 사람인가? 생산하는 사람인가?

66

복습하는 시간과 복기하는 습관을 길러라

'복습과 복기'

복습을 통해 얻는 가장 큰 가치는 삶의 태도다. 책상에 앉아 숙제와 복습을 하는 것을 당연히 여기고 습관적으로 하는 과정을 쌓아 자신의 공부에 자신감과 책임감을 갖도록 만들고 궁극적으로 효율적인 학습효과는 결국 자신이 해야 할 과업의 결과에 책임지는 태도와 인식의 변화를 갖게 해준다. 이런 태도는 공부뿐만 아니라 훗날 세상살이의 필요조건인 '책임감, 성실, 정직'의 의미를 익히게 한다.

'복기(復棋)'는 바둑용어로 대국 종료 후 호수와 악수를 검토하는 것이다. 여기서 '복' 자는 '거듭거듭'이라는 뜻을 가진 '복습'의 '복' 자와 같은 뜻이다.

바둑을 두든 공부를 하든 문제가 어려웠든 쉬웠든 그 문제를 푼 후 자신이 어떤 과정을 통해 풀었는지, 어느 부분에서 막혔는지, 어느

부분에서 어떤 식으로 생각한 것이 중요했는지, 어느 부분에서 무엇 때문에 틀리고 맞았는지 다시 생각하게 한다.

바둑은 한 수 한 수 고민하고 의미를 부여해 두었을 때 쉽게 다시 기억날 수 있지만 아무 의미도 없이 둔 수는 잘 기억나지 않는 법이다.

바둑에는 '복기', 공부에는 '복습'이라는 훌륭한 교사가 있다. 이창호 국수는 승리한 대국의 복기는 이기는 습관을 만들어주고 패한 대국의 복기는 이기는 준비를 만들어준다고 말했다. 인생사 모든 일에 복습과 복기가 필요하다.

우리가 진심을 다해 현재 자신의 문제를 해결해나가는 방법은 자기 삶의 문제가 무엇인지 끊임없이 진지하게 회고하고 반성하고 탐구하고 성숙시켜 나가는 '복습'하는 시간과 '복기'하는 습관을 스스로 쌓는 것이라고 생각한다.

67

책 속에 길이 보인다

책을 읽어라.
참스승을 만나라.
스스로 통찰력을 키워라.

책을 많이 읽으면 조금씩 안목이 열린다. 독서는 지혜를 얻고 안목을 넓히는 가장 보편적이고 쉬운 방법이다. 하지만 지식은 선입견이 동반되어 본질을 가리기도 한다. 옛날 고승들이 도통한 후 경전을 불태우는 기행도 비슷한 이유다.

책 만 권을 읽으면 귀신과도 통한다고 흔히 말한다. 책 만 권보다 훌륭한 스승 한 명을 만나기가 더 어렵다고 말한다. 참스승이 곁에 있다면 그보다 더 좋은 성공의 동반자는 없다. 일상 속에서 어떤 장면이 나타날 때 외형만 중시하지 말고 내재한 깊은 의미를 들여다보기 위해 스스로 노력하면 어느새 지혜는 밝아지고 안목도 열린다. 자본 없이 부자가 되고 '빽'없이 성공하는 지름길이다.

사물을 보는 4가지 눈이 있다.

1. See
2. Look
3. Observe
4. Insight

즉, 사물의 내면을 바라보는 눈을 갖자! 그리고 이제 더 폭넓게 더 멀리 상상하자!

68

말의 품격을 높여라

"말조심해라"라고 할 때 흔히 쓰는 사자성어가 있다.『논어』에 등장하는 '사불급설(駟不及舌)'은 "4마리 말이 끄는 수레도 혀에는 못 미친다"라는 뜻으로 소문은 빨리 퍼지니 말을 삼가라는 뜻이다.

'입소문 마케팅'이라는 말이 있다. '바이럴 마케팅(Viral Marketing)'이라고도 하는데 바이럴(Viral)은 '바이러스(Virus)'의 형용사로 '감염(전이)되는'이라는 뜻이다. 즉, 바이러스가 퍼지듯이 소비자들 사이에서 소문을 타고 물건의 홍보성 정보가 끊임없이 전달되는 마케팅 기법을 말한다. 다만, 원래 중요한 것은 소비자들이 자발적으로 기업이나 기업의 제품을 홍보한다는데 최근 입소문 마케팅의 핵심인 댓글이 아르바이트로 주를 이룬다는 후문이다.

"말조심해라"와 같은 뜻의 표현이 많은데 과거에 한 번이라도 읽어보고 접하는『명심보감(明心寶鑑)』에는 "입은 사람을 상하게 하는 도끼요, 말은 혀를 베는 칼이니 입을 막고 혀를 깊이 감추면 어디에 몸이 있든 편안할 것이다(口是傷人斧 言是割舌刀 閉口深藏舌 安身處處牢)."라고 했다.

남들과 이야기를 나눌 때는 '말의 힘'과 관련된 다음 말들의 의미를 다시 생각하며 내가 뱉은 말이 결국 내 혀를 베는 칼이 되어 돌아올 수 있다는 것을 명심해야겠다고 생각해본다.

"아는 것을 안다고 하고 모르는 것을 모른다고 하는 것이 말의 근본이다." -순자-

"한마디 말이 들어맞지 않으면 천 마디를 말해도 소용없다. 그러니 핵심적인 한마디를 삼가서 해야 한다. 핵심을 찌르지 못하는 말이라면 차라리 입 밖에 안 내는 것만 못하다." - 채근담-

"인간에게는 말이 있기 때문에 짐승보다 나은 것이다. 하지만 바르게 말하지 않으면 짐승이 그대보다 나을 것이다." -사아디 고레스탄-

"인간에게는 입 하나, 귀가 둘이다. 이는 말보다 듣기를 2배 더 하라는 뜻이다." - 탈무드-

"질병은 입을 쫓아 들어가고 화근은 입을 쫓아 나온다." - 태평어람-

"입은 화의 문이요, 혀는 이 몸을 베는 칼이다. 입을 닫고 혀를 깊이 간직하면 가는 곳마다 몸이 편안하다." - 전당시-

"말은 마음의 초상이다." -J. 레이-

"누구나 자신이 하는 말은 다 뜻이 있어 하는 것이 아니다. 그럼에도 자신이 뜻하는 바를 모두 말하는 사람은 거의 없다."

-H. 애덤스-

"말을 많이 하는 것과 잘하는 것은 다르다." -소포클레스-

"말도 아름다운 꽃처럼 그 색을 갖고 있다." -E. 리스 말-

"당신이 수다를 떨면 떨수록 사람들은 그만큼 당신이 한 말을 기억하지 못한다." - 베네통-

"내가 농담하는 방법은 진실을 말하는 것이다. 진실은 이 세상에서 가장 재미있는 농담이다." -G. B. 쇼오-

"말은 한 명의 입에서 나오지만 천 명의 귀로 들어간다."

- 베를린 시청의 문구-

"이 세상을 번거롭게 만드는 대부분의 불행은 말에서 생긴다."

-바아크-

"말이 가벼운 사람은 책임지지 않는다." - 맹자-

"진정한 웅변은 필요한 말을 모두 말하는 것이 아니라 불필요한 말을 일절 하지 않는 것이다." -라 로슈코프-

그리고 쓸데없는 말은 하지 말고 남의 단점을 지적하는 말을 조심하고 사이가 깊지 않다면 깊은 대화를 나누려고 하지 말고 자신과 관련 없는 말은 가능하면 하지 않겠다고 생각해본다.

사람아!
입이 꽃처럼 고와라.
그래야 말도
꽃같이 하리라.
사람아!

'꽃의 말' - 황금찬 -

69

풍요롭고 싶은가? 여유롭고 싶은가?

점점 쌀쌀해지는 날씨에 한겨울이 성큼 다가왔음을 느끼는 밤이다. 풍요와 여유에 대해 문득 생각해본다. 풍요는 '흠뻑 많아 넉넉함'을 뜻하고 여유는 '물질적, 공간적, 시간적으로 넉넉해 남은 상태, 느긋하고 차분히 생각하고 행동하는 마음 상태'를 뜻한다.

무조건 얻기만 위해, 벌기만 위해, 위로 올라가기만 위해 결과(성과)에만 연연하지 않았는지 잠시 나 자신을 돌아본다. 힘이 들어가고 마음은 급할 수밖에 없었다. 시야는 좁아졌고 한 치 앞만 내다봤다고 생각한다. 결국 '풍요'에만 집중하고 '여유'에는 소홀했다. 시간은 아무도 되돌릴 수 없다. 올 한 해 남은 시간을 생각하며….

1. 결핍의 생각을 풍요의 생각으로 전환하자.
2. 공짜로 얻으려고 하지 말고 그냥 나누자.
3. 뭐든지 첫걸음을 떼지 않으면 아무것도 못 이루니 지금이라도 그 첫걸음을 떼자.

4. 습관이 나를 만드는 것이 아니라 결국 습관을 만든 것은 나 자신이라고 생각하자.
5. 젖지 않고 가는 세월 없듯이 나를 알아주지 않아도 주인공의 시각에서 바라보자.

"풍요롭지는 못하더라도 여유까지 잃지는 말자!"

70

하고 싶은 일을 할 것인가?
해야 할 일을 할 것인가?

올 한 해도 이제 한 달만 남기고 있다. "이제 시간이 없다.", "아직 시간은 있다." "만사 어떻게 생각하고 실행하느냐?" 늘 이것이 문제다. 내가 하고 싶은 일과 내가 해야 할 일은 명확하다. 물론 다행히 둘 사이의 교집합이 내게 있다는 것이 큰 위안이자 기쁨이다. 목표와 방향도 생각해본다. 그리고 5가지 중요한 요소를 되짚어본다.

1. Attitude
2. Perspective
3. Flow
4. Enjoy
5. Influence

우리 각자의 문제에 대한 '태도, 관점, 몰입, 즐거움, 영향력'에 따라 '목표와 방향'이 달라질 수 있다. 아직 시간은 많다. 그리고 해야 할 일을 하자.

누구나 별(스타)이 되길 꿈꾼다. 하지만 그 별을 더 빛나게 해주는 것은 짙은 밤하늘이다. 나는 별을 더 빛나게 해주는 밤하늘처럼 '선한 영향력'을 미치고 싶다.

내가 해야 할 일은 무엇인가? 결론이 나오는 대목이다. 나는 밤하늘과 같은 존재가 되어야겠다. 올 한 해를 마무리하며 아직 남은 시간에 눈에 띄는 성과에만 연연하지 말고 내면의 진지한 태도로 진심으로 즐기며 성숙, 공감, 공유, 나눔, 사랑 등에 더 몰입(집중)하겠다고 다짐해본다.

71

즐겁지 않으면 인생이 아니다

10여 년 전 내가 가장 즐겼던 고스톱 '신맞고' 화투의 유래를 살펴보면 조선에서는 숫자가 적힌 패를 뽑아 우열을 가리는 '수투'가 널리 행해졌고 일본에서는 화투를 '화찰', 일명 '하나후다'라고 불렸는데 19세기 말 부산과 시모노세키를 오가는 뱃사람들에 의해 수입되면서 오늘날 화투로 불리게 되었다고 한다.

화투 놀이의 하나로 고스톱 '신맞고'가 있는데 게임 룰은 (Go)와 스톱(Stop)을 통해

1. 쓰리 고부터 달성하면 (2×배) 이익
2. 주어진 미션을 달성하면 (미션×배) 이익
3. 광광 미션을 달성하면 (2×2배) 이익 등 흥미와 재미를 가미해 2명이 즐긴다.

10여 년 전 내가 즐겼던 '신맞고'는 이제 옛일이 되었지만 지금도 매일 또 다른 '신맞고'를 즐기고 있다.

3고(go)

1. 매일 하루 10,000보 걷기를 실천하려 go하고 있다.
2. 매일 하루 1편의 글쓰기를 실천하려 go하고 있다.
3. 매일 하루 1끼 외엔 소식을 하려 go하고 있다.

미션(Go)
2022년 3월 까지 현재 체중에서 3kg감량 시 포상금 50만원 획득 미션 진행 중이다.

팡팡 미션(Go)
언어 미션(칭찬하기 등), 행동 미션(안아주기 등), 업무 미션(도와주고 함께 가기 등), 습관 미션(운동하고 영어회화 공부하기 등)

그리고 '신맞고'는 전제 조건으로 반드시 2명만 함께해야 하는 놀이다. 그러니 무슨 일을 하든 매사 가장 귀한 것은 함께하는 동반자다.

그 사람을 알고 싶다면
골프를 함께 쳐보라.
등산을 함께 가보라.
밥(술)을 함께 먹어보라.
여행을 함께 떠나보라.

그리고 '신맞고'를 함께 쳐보라. 매사 함께 해오는 이 사람들이 내 인생에서 가장 귀한 동반자들이다.

'신맞고' 게임하듯이 우리 인생에 즐거운 '쓰리 고(Go)'를 외치고 삶의 방향(목표) 미션을 달성하며 인생의 소중한 동반자와 함께 '팡팡! 행복의 시너지'를 외치며 게임하듯이 즐겁게 한 판 놀아보자.

72

묘비명에서 자신을 돌아본다

'그린비'는 아름다운 우리말로 '그리운 남자(선비)'라는 뜻이다. 묘비명은 20세기에 쓰였지만 동양에서는 이미 오래전부터 묘비명을 스스로 짓는 전통이 있었다. 오늘은 그리운 남자 정약용(1762~1836)을 그리워하며 '자찬묘지명(自撰墓誌銘)'에서 삶의 반성을 무엇보다 강조했던 그의 묘비명을 통해 오늘 나의 삶을 되돌아본다. 그리고 오랜 유배생활 등 주변의 조건을 원망하는 대신 내면 성찰을 강조한 것을 생각해본다.

"너는 말하지, 나는 아노라.『사서』와『육경』을. 하지만 행한 바를 살펴보면 어찌 부끄럽지 않으랴." '자찬묘비(自撰墓碑)' 속에 숨은 뜻을 되새겨 오늘 우리 삶의 지혜를 깨닫는 시간을 기대해보자.

다음은 인상 깊은 묘비 문구들이다.

"우물쭈물하다가 내 이럴 줄 알았다." -영국 극작가 버나드 쇼-

"사랑은 가고 옛날은 남는 것" -시인 박인환-

"나는 어머님의 심부름으로 이 세상에 왔다가 어머님의 심부름을 다 마치고 어머님께 돌아왔습니다." -시인 조병화-

"에이, 괜히 왔다 간다." -중광 스님-

"나 하늘로 돌아가리라. 아름다운 이 세상 소풍 끝나는 날 나 가서 아름다웠다고 말하리라." -시인 천상병-

"필생즉사(必生卽死) 필사즉생(必死卽生)" -충무공 이순신 장군-

"끝내는 만고에 없던 사변에 이르고 백발이 성성한 아비로 하여금 만고에 없던 짓을 저지르게 했단 말인가?" -사도세자-

"나는 창조주께 돌아갈 준비가 되었다. 창조주께서 나를 만나는 고역을 치를 준비가 되었는지는 내 알 바 아니다." -영국 수상 윈스턴 처칠-

"돌아오라는 부름을 받았다." -미국 시인 에밀리 디킨슨-

"인생은 낯선 여인숙에서의 하루와 같다." -테레사 수녀-

"나는 아쉬울 것 없노라."(시편의 한 구절) -김수환 추기경-

"내 묘비는 원기둥에 구가 내접한 모양으로 세워달라." -아르키메데스-

"후세 사람들이여! 나의 휴식을 방해하지 말라." -예언가 노스트라다무스-

"내가 죽으면 술통 밑에 묻어줘. 운이 좋으면 술통 바닥이 샐지도 몰라."-일본 선승 모리아 센얀-

"일어나지 못해 미안하네."-소설가 헤밍웨이-

"삶과 죽음에 차가운 눈길을 던져라. 말 탄이여! 지나가라."-문학가 예이츠-

"생각하면 할수록 내 마음을 늘 새로운 놀라움과 경외심으로 가득 채우는 2가지가 있다. 내 위에 있는, 별이 빛나는 하늘과 내 속에 든 도덕률이다."-철학자 칸트-

묘비명에서 나를 돌아 본다.

73

내 마음의 칼을 갈고 돌아본다

쇠붙이와 나무가 분명히 다르듯이 사람들은 서로 모순된 생각으로 살아간다. 그래서 서로 찌르고 찔리기도 하지 않는가. 나를 언짢게 했던 사람들이 준 상처가 나를 피곤하게 했을 때 어쩌면 그들이 내게 준 것이 아니라 나 스스로 받은 것은 아닌지 생각해본다.

"슴베에 가슴을 깊숙이 찔리지 않고서는 나무는 손잡이가 될 수 없었을 것이다. 그처럼 뭔가에 의해 상처를 입어보지 않았다면 나는 뭔가를 감싸 안는 방법을 몰랐을 것이다. 훌륭한 손잡이가 된 나무는 슴베가 날카롭다고 화를 내지 않는다. 다만, 그 날카로움을 가늠할 뿐이다. 그것을 감싸고 품기 위해 제 몸을 얼마나 어떻게 내주어야 하는지 알고 있을 뿐이다. 서로 찌르고 찔리면서도 비명 없이 자연스럽게 섞일 수 있는 것은 슴베와 나무가 상대방을 받아들이기 위해 무엇을 해야 할지 잘 알기 때문이다."

'슴베를 품다' -이은서-

* 슴베: 칼, 괭이, 호미 따위의 자루 속에 박힌 길고 뾰족한 부분

경제불황에 지친 요즘 혹여라도 내 날카로운 마음의 날 선 칼날이 누구에게 상처를 주지 않도록, 〈슴베〉를 넉넉히 품어 주는 내가 아파도 참고 상대방을 기꺼이 받아들여 주는 〈나무의 감싸주는 덕〉을 배워 본다(칼을 갈러 가서 결국 내 마음의 칼을 갈고 돌아섰다).

74

진정한 행복은 해석학적 관점에서 발견된다

우리는 왜 권력을 추구하는가? 니체는 우리가 자신의 주인이 되고 싶다면 권력을 추구할 수밖에 없다고 주장했다. 끊임없는 자기 극복이 바로 권력이기 때문이다. 우리는 자신을 끊임없이 해석해야 한다.

나의 위치는 어디인가?
나의 진정한 모습은 무엇인가?
나는 무엇이 되고 싶은가?
나는 다른 사람들과 어떤 관계를 맺고 싶은가?

이런 질문들이 의미가 있다면 우리는 권력을 절대로 부정할 수 없다. 권력은 우리 삶을 새롭게 해석하는 힘이기 때문이다. 우리 삶에는 이성뿐만 아니라 비이성적 충동도 필요하고 진리뿐만 아니라 허구적 환상도 필요하다. 이런 비극적 인식을 담담히 받아들일 때 비로소 우리는 웃으며 삶을 긍정할 수 있을 것이다.

더 나은 삶이 있다고 생각하지 말고 이 삶을 긍정하자. 내일이 되면 더 행복해질 수 있다고 착각하지 말고 지금 당장 웃자.

'아모르 파티'는 "운명을 사랑하라"라는 뜻의 라틴어로 니체 철학의 결론이다.

* amor: 운명 fati: 사랑

아모르 파티는 "있는 것은 아무것도 버릴 것이 없으며 없어도 좋은 것은 없다"라고 말하게 되는 인정하는 사랑이자 긍정하는 사랑이다. 니체가 '디오니소스적'이라는 형용사를 붙이기도 한 이런 사랑, 인정과 긍정의 사랑을 우리가 이 세상 속 모든 것에 할 것을 그는 요구한다.

"당신의 운명을 사랑하라. 그러면 당신의 운명도 당신을 사랑해줄 것이다."

'차라투스트라는 이렇게 말했다' -니체-

도대체 인생의 행복은 무엇인가?

'자기 삶에 대한 해석 차이'에서 출발해야 한다고 생각한다.

75

리더십은 품격으로 말한다

'나의 진성 리더십'을 발휘하는 진성 리더가 되기 위해 노력하자! 유사 리더는 자신이 주장하는 사명(비전)과 자신의 행동이 일치하지 않는 사람이다. 즉, 말과 행동이 다르다. 이르지 못할 높은 이상도 일관된 사명으로 말보다 행동으로 살아가겠다고 생각하는 사람이 바로 진성 리더다.

새해
나와 당신의 사명은 무엇인가?
우리에게 인생 철학은 있는가?
우리 자신이 끊임없이 자문하고 돌아보며 진성 리더의 영향력을 새해에는 발휘하도록 노력하자!

'언행일치'가 답의 시작이다. 내가 흘린 땀은 결코 배신하지 않는다.

"내 직을 높이려 말고 내 격을 높이자."

76

'소문만복래(笑門萬福來)' 웃으면 복이 온다

"인생을 어떻게 살아가야 하는가?"라고 나 자신에게 질문해도 딱히 답하기 어려운 문제라는 생각이 든다. 그런 면에서 정답을 말해주기보다 그냥 '웃음'으로 답을 대신할 때가 많다. 물론 뭔가를 장황하게 설명해주기 위해 노력하기도 한다.

우리는 인생길을 혼자 어떻게 헤쳐나가야 할지 자신에게 묻고 답해가며 걸어가지만 그 정착지는 '낙원(樂園)'이길 누구나 꿈꾼다. 그래서 동서고금을 막론하고 낙원의 대명사로 여겨진, 중국 도연명이 쓴 『도화원기(桃花園記)』에 등장하는 '무릉도원'이든 영국 정치가이자 인문주의자 토머스 모어의 정치적 공상소설에 등장하는 '유토피아'든 궁극적으로 이상향(理想鄉)에 가길 바랐을 것이다.

하지만 현실과 이상에서 느꼈을 그 괴리감 극복의 해답은 결국 '웃음'이라고 느끼지 않을까? '웃음'이 우리 삶에서 주는 의미를 '웃음' 관련 다양한 표현을 되새겨보며 그 속에 든 의미를 음미해보자.

옛말에 '소문만복래(笑門萬福來)' "웃는(화목한) 집안에 많은 복이 깃든다", '일소일소(一笑一少) 일로일로(一怒一老)' "한 번 웃으면 한 번 젊어지고 한 번 화내면 한 번 늙는다"라는 말이 있다.

속담에도 "웃는 얼굴에 침 못 뱉는다" 또는 "웃음 속에 칼이 있다" 즉, "겉으로는 친절한 척하지만 속으로는 해롭게 한다" 등도 있다. 즉, '웃음'은 우리에게 만병통치약이고 "웃으면 복이 온다"라는 말처럼 만복의 근원이라는 믿음이 있었던 것 같다.

웃음을 뜻하는 여러 한자어를 찾아보니 웃음도 다 같은 '웃음'이 아닌 것 같다.

- 미소(微笑): 스마일. 소리내지 않고 살며시 웃는 웃음
- 대소(大笑): 호쾌하게 크게 웃는 웃음
- 박장대소(拍掌大笑): 박수치며 크게 웃는 웃음
- 파안대소(破顏大笑): 입을 활짝 벌리고 얼굴을 펴고 크게 웃는 웃음
- 가가대소(呵呵大笑): 껄껄거리며 크게 웃는 웃음
- 포복절도(抱腹絶倒): 배를 끌어안고 넘어질 정도로 크게 웃는 웃음
- 홍연대소(哄然大笑): 큰소리로 껄껄 웃는 웃음
- 앙천대소(仰天大笑): 어이가 없어 하늘을 쳐다보고 크게 웃는 웃음
- 협견첨소(脅肩諂笑): 어깨를 간들거리며 아첨하며 웃는 웃음
- 언소자약(言笑自若): 놀라지 않고 평정심으로 웃으며 이야기함
- 일소천금(一笑千金): "한 번 웃는 것은 천금과 같다"
- 일빈일소(一嚬一笑): 근심스러워 찡그리기도 하고 즐거워 웃기도 함
- 요절복통(腰折腹痛): 너무 우스워 허리가 꺾이고 배가 아플 지경임
- 탄구대소(綻口大笑): 입을 벌리고 크게 웃는 웃음
- 일빈일소(一嚬一笑): 근심스러워 찡그리기도 하고 즐거워 웃기도 함

- 함소(含笑): 머금은 웃음. 여성적인 웃음
- 고소(苦笑): 쓴웃음. 허탈하거나 가벼운 손해를 입었을 때 웃는 웃음
- 냉소(冷笑): 쌀쌀한 태도로 비웃음. 경멸·체념하며 차갑게 웃음
- 교소(嬌笑): 아리따운 여성의 애교 넘치는 웃음
- 염소(艶笑): 요염한 웃음
- 매소(賣笑): 술자리에서 몸과 웃음을 팖
- 자조(自嘲): 스스로 자신을 비웃음
- 비소(非笑): 남을 비방하거나 비난조로 내뱉는 웃음
- 홍소(哄笑): 입을 크게 벌리고 소리내 웃는 웃음
- 조소(嘲笑): 조롱하는 비웃음
- 담소(談笑): 이야기하며 웃음. 웃고 즐기며 이야기를 나눔
- 실소(失笑): 어처구니가 없어 자신도 모르게 터져 나오는 웃음
- 폭소(爆笑): 갑자기 크게 터져 나오는 웃음
- 미소(媚笑): 아양을 떨며 아첨하듯 웃는 웃음
- 지소(指笑): 손가락질하며 비웃음
- 기소(欺笑): 남을 업신여기거나 놀리거나 속여 웃는 웃음
- 언소(言笑): 이야기하며 웃는 웃음
- 잠소(潛笑): 가만히 웃는 웃음
- 일소(一笑): 업신여기거나 깔보며 한 번만 웃는 웃음
- 인소(忍笑): 웃음을 참음
- 절소(絶笑): 매우 자지러지는 웃음
- 습소(濕笑): 마지못해 억지로 웃는 웃음
- 양소(良笑): 한참 동안 웃는 웃음
- 학소(謔笑): 희롱하는 익살맞은 웃음
- 목소(目笑): 눈웃음
- 너털웃음: 큰소리로 호기롭게 웃는 웃음

- 눈웃음: 소리를 내지 않고 눈으로만 가볍게 살짝 웃는 웃음
- 비웃음: 흉보듯이 빈정거리거나 업신여기는 웃음
- 선웃음: 웃기지도 않는데 꾸며 웃는 웃음
- 소웃음: 웃음 같지 않은 웃음. 소는 웃을 줄 모른다.
- 쓴웃음: 마지못해 웃는 웃음
- 억지웃음: 웃기 싫은데 억지로 웃는 웃음
- 찬웃음: 가소롭다며 냉소하듯이 웃는 웃음
- 코웃음: 콧소리를 내거나 코끝으로 가볍게 웃는 비난조의 웃음. 비소(鼻笑)
- 함박웃음: 환하게 활짝 웃는 웃음

우리는 이 많은 웃음 중에서 어떤 웃음을 짓고 있는가? 하루라도 웃지 않는 날이 있을까? 우리 자신도 모르는 사이에 웃음을 잃고 살고 있진 않은가?

최근 "웃음은 인간이 만들어낸 걸작품이다", "웃음은 모든 것을 치유한다", "유머 있는 정치는 썩지 않고 웃음이 있는 가정은 깨지지 않는다", "웃을 줄 아는 사람은 좌절하지 않는다", "공부도 재미있게 하는 사람 앞에서는 당할 장사가 없다", 등 웃음과 관련된 많은 생각을 떠올리게 한다. 그리고 웃음을 통한 조직발전을 위한 경영과의 접목은 쉽게 생각하지 못했던 것 같다.

"웃음은 공장 없이 공장을 돌릴 수 있는 유비쿼터스 시대의 최적의 프로그램이다. 원료 없이 엄청난 매출을 올릴 수 있는 기업의 자산이다. 재미있는 리더가 조직을 춤추게 한다"라는 글을 읽은 적이 있다.

오하이오주립대 낸시 레커(Nancy Recker) 교수는 웃음의 효능으로 "웃음은 힘을 준다. 웃음은 극복할 능력을 준다. 웃음은 서로 대화와 마음의 통로를 열어준다. 웃음은 긴장을 완화해준다. 웃음은 분노를 몰아내고 공격성을 없애준다. 웃음은 학습효과와 기억력을 높여준다."라고 주장했다.

그밖에도 10초 동안 웃기(3분 동안 노 젓기), 한 번 크게 웃기(윗몸 일으키기 25회), 15초 동안 박장대소하기(100m 전력 질주에 맞먹는 운동효과) 등을 통한 웃음의 효능을 강조한 사람도 있다.

웃음은 인간이 기쁘거나 즐겁거나 특별한 감정을 느낄 때 얼굴 근육을 움직여 일정한 표정을 짓는 것으로 웃음으로 감정을 표현하는 동물은 인간뿐이라고 한다. 그래서 철학자 아리스토텔레스는 인간을 '웃는 동물'이라고 불렀나 보다.

웃음은 인간만 가진 특권이다. 인간 외에 웃는 동물은 없다. "소가 웃을 일이다"는 비유하는 말일 뿐 소가 정말 웃을 수는 없다. 생물학적으로 인간보다 얼굴 근육이 발달한 동물은 없다고 한다.

어떻게 웃어야 할까? 한국웃음연구소 최규상 소장이 제시한 3가지 웃음 운동 방법은 다음과 같다.

첫째. 입이 '찢어질 만큼' 웃어라. 크게 웃어야 눈밑 신경을 자극해 쾌감 호르몬 분비를 촉진한다.

둘째. 15초 이상 날숨으로 웃어라. 처음에는 5초 이상 웃는 것도 벅차지만 연습을 반복하다 보면 웃는 시간이 늘어나고 그만큼 쾌감 호르몬 분비도 늘어난다.

셋째. 배가 출렁거릴 정도로 온몸으로 웃어라. 혈액순환이 촉진되고 숙변 제거와 다이어트에도 도움을 준다.

살며시 웃는 '미소'는 사람을 늘 푸근하게 해주는 신비의 묘약 같다. "우리는 행복해서 웃는 게 아니라 웃기 때문에 행복한 것이다." 라는 윌리엄 제임스의 말에서 우리가 이 힘든 이 세상에서 잃어버린 '웃음'을 되찾아야 할 이유를 알 것 같다.

일단 지금 당장 웃어보자!

77

지금이 가장 빛나는 꽃이다

바람에 떨어지는 벚꽃을 보며 '일기일회(一期一會)'로다.

'지금 이 순간'은 일생에서 유일한 시간이며 지금 이 만남은 일생에서 단 한 번인 인연을 뜻한다. 결국 단 한 번의 기회로 여긴다면 매 순간을 뜻있게 보내야 한다는 의미다.

다음은 법정 스님의 말씀이다.

오늘 핀 꽃은 어제 핀 꽃이 아니다.
오늘의 나도 어제의 내가 아니다.
오늘의 나는 새로운 나다.
묵은 시간에 갇혀 새로운 시간을 등지지 말라.
과거의 좁은 방에서 나와
내일이면 이 세상에 없을 것처럼 살자.
우리는 지금 살아 있다는 사실에 감사할 줄 알아야 한다.

장소를 불문하고 스님의 법문 주제는 다음과 같았다. "삶에서 가장 신비한 것은 지금 이 순간 우리가 살아 있다는 사실이다. 모든 것은 일생에서 단 한 번뿐인 인연이기 때문이다."

그럼 오늘도 당신이 품은 뜻이 활짝 피어나는, 단 한 번뿐인 인생의 멋진 날이 되길 응원한다.

78

무엇을 담을까인가?
어디에 담을까인가?

다사다난했던 한 해가 또 저물어가는 어느 날 이 글을 쓰고 있다. 올해 초에 세웠던 목표를 얼마나 채웠는지 생각이 문득 많아지는 요즘이다. 우리는 늘 "무엇을 담을까?"에만 관심이 큰 것 같다. 하지만 찬찬히 생각해보면 "어디에 담느냐?"에 따라 목표가 달라질 수 있다. 내 그릇의 크기부터 먼저 돌아보지 않고 하나라도 더 채우려고만 하지는 않았는지 반성하게 된다.

"비워야 채워지고 버려야 얻는다"라는 말처럼 나부터 먼저 마음을 비워야 더 큰 행복을 채워갈 수 있다고 생각한다. 그러니 올 한 해 아직 남아 있는 시간에 조급해하지 말고 욕심 부리지 말고 정신없이 말하지 말고 더 여유롭게 더 비우고 더 진지하게 나 자신부터 잘 만들어놓고 내년에는 더 소박하게 채우려고 한다.

결국 모든 문제의 답은 나 자신에게 있다. 내가 좋다, 싫다, 있다, 없다, 크다, 작다, 많다, 적다, 예쁘다, 밉다, 더럽다, 깨끗하다, 부자, 가난, 행복, 불행, 살다, 죽다, 선, 악 등을 분별할 뿐이다. 그러니 올 한 해 아직 남아 있는 시간에는 잡생각과 잡습관을 버리고 정의로운 생각을 바탕으로 건강한 꿈을 채워보자. 그리고 나 자신이 철이 들어 진짜 성인이 되었다고 생각했을 때부터 나 자신과 늘 싸워오고 있다. 무엇을? 내 그릇을 키우는 것을….

2부

내려 놓아야 얻을 수 있다

-이헌상-

1

무엇이 우리에게 스트레스를 없애고 감동을 줄 수 있는가?

다이도르핀(Didorphin)

최근 의학이 발견한 호르몬 중에 엔도르핀이 암을 치료하고 통증을 해소하는 효과가 있다는 사실이 이미 알려졌지만 이 다이도르핀 효과가 엔도르핀의 4천 배라는 사실이 발표되었다. 다이도르핀은 우리 몸에서 마음에 큰 감동을 받을 때 분비된다고 한다.

1. 감미로운 노래를 들을 때
2. 아름다운 풍경에 매료될 때
3. 전혀 알지 못했던 새로운 진리를 깨달았을 때
4. 깊은 사랑에 빠졌을 때
5. 진한 키스나 스킨십을 나눌 때 등

다이도르핀은 감동, 깨달음, 고마움을 느낄 때 분비되는 물질이라는데 이럴 때 우리 몸에서는 놀라운 변화가 일어나고 이것이 심리적으로 큰 안정감을 준다고 한다.

전혀 반응이 없던 호르몬 유전자가 활성화되어 안 나오던 5가지 만병통치 호르몬인

1. 엔도르핀
2. 세로토닌
3. 멜라토닌
4. 도파민
5. 다이도르핀

매우 유익한 호르몬들을 분비하기 시작해 우리 몸의 면역체계에 강력한 긍정적인 작용을 일으켜 암세포를 공격한다고 한다. 5가지 호르몬의 대체적인 특징과 효능은 다음과 같다.

1. 엔도르핀은 웃을 때 분비된다(진통, 심장, 스트레스 완화 등의 효과가 있다).
2. 세로토닌은 마음이 평안할 때 분비된다(긴장, 혈압 완화 등에 효과적이다).
3. 멜라토닌은 햇빛을 쬘 때 분비된다(항우울, 항암, 항노화, 항산화 효과가 있다).
4. 도파민은 사랑에 빠질 때 분비된다(집중력, 의욕 증진, 스트레스 조절에 효과적이다).
5. 다이도르핀은 감동을 받을 때 분비된다(행복 호르몬 중에서 효과가 가장 탁월하고 우리 몸 안에서만 분비되고 타인으로부터 받거나 줄 수 없다).

반면, 우리는 스트레스를 받으면 호르몬에 불균형이 생기고 병이 생긴다. 스트레스를 받으면 불안, 초조, 걱정, 근심 등이 발생해 점점 우울증이 나타나고 결정적으로 신체 면역력이 떨어져 만병의 근원이 된다.

스트레스의 3가지 원인

1. 자신이 하고 싶은 일을 못 한다.
2. 자신이 원하지도 않는 일인데 계속 해야 한다.
3. 자신이 정말 하고 싶은 것이 무엇인지조차 모른다.

곁에 있는 사람에게서 받는 '인정과 칭찬'이 스트레스 완화에 큰 영향을 미친다고 한다.

"구름은 바람이 있어야 움직이고 사람은 사랑이 있어야 움직인다"라는 말이 있다. 사람이 주는 사랑의 '감동'이 우리를 살아가게 한다는 생각이 든다.

"고마워!"
"사랑해!"
"힘내!"
"최고야!"

무엇이 우리의 스트레스를 없애고 '감동'을 줄 수 있는지 생각해 본다.

더 넉넉한 생각과 여유로운 마음으로 나 자신의 '효능감'을 높이고 내 사람에게 '공감'하고 내 이웃과의 '소통'을 넓히고 다이도르핀이 더 많이 분비되도록 일상에서 '감동'을 느끼는 소확행의 삶을 실천하며 건강하고 행복하게 생활해야겠다고 다시 한번 깨닫는다.

2

돌아보면 책 속에 길이 있다

돌아보면 책 속에 길이 있었다.

치료제가 없는 치매 예방법, '3다(多) 3불(不)'

대한민국 65세 이상 노인 중 치매환자는 약 75만 명으로 치매 유병률이 10%가 넘는다. 2024년 100만 명, 2039년 200만 명, 2050년 300만 명으로 예상된다. '3다(多)'는 '많이 읽고 많이 씹고 많이 걷는 것'이고 '3불(不)'은 생활습관병, 술·담배, 노인성 우울증은 안된다는 것이다.

오늘은 3다(多)의 "많이 읽어라" 다독!
깊어 가는 세밑에 읽어볼 만한 책을 소개한다.

1. 『무지개 원리』(하는 일마다 잘 되리라!) -차동엽 신부-
   아무것도 내 허락 없이 나를 불행하게 할 수 없다. 내가 가장 사랑하는 책이다. 특히 젊은이들에게 선물하고 싶은 책이다.

2. 『상실의 시대』 -무라카미 하루키-
혼자라는 고독 속에서 꿈과 사랑, 정든 사람들을 잃어가는 상실의 아픔을 겪는 이 세상 모든 청춘들을 위한 장편소설이다.

3. 『원하는 것을 나도 모를 때』 -정승환-
"이제야 알 것 같습니다."
때로는 직접적인 조언보다 묵묵히 곁에 있어 주는 위로가 더 크게 와 닿는다는 것이다. 단지 내 마음을 스스로 돌아볼 수 있도록 도와주는 게 그 무엇보다 중요하다는 것을 말이죠. -본문 중에서-

4. 『주식, 사자처럼 투자하고 거북이처럼 간다』 -이헌상-
우리는 개미가 아니다. 사자처럼 투자하고 거북이처럼 간다. 역대급 폭락은 절대로 놓치면 안되는 역대급 기회다!

"책 속에 길이 있다." -퇴계 이황-

"대장부가 사흘 동안 책을 읽지 않으면 스스로 깨달은 언어가 무의미하고 거울에 비친 자신의 모습이 추해진다." -황산곡-

이제 다식(과식)하지 말고 다독하기로 다짐해본다.

3

내 관점의 차이를 넘어서야 더 멀리 볼 수 있다

'당동벌이(黨同伐異)'는 『후한서(後漢書)』에 나오는 말이다.

유생(儒生)들은 자신들이 잘 아는 유가 경전에만 의거해(자기 관점에서만) 『오경(五經)』에 대한 서로 다른 해석을 논하곤 했는데 한선제(漢宣帝) 유순(劉詢) 때 이 『오경』 경전을 강의하는 석거각(石渠閣)에 유생들을 소집해 『오경』 토론을 벌이면서 '춘추공양전(春秋公羊傳)'과 '춘추곡량전(春秋穀梁傳)'의 같은 점과 다른 점을 평(논)하도록 했는데 당시 유학계(儒學界)는 자기 관점에서만 주장을 내세우며 장기간 논쟁에 빠졌다고 한다.

이를 계기로 사람들은 이처럼 끼리끼리 편을 짜 무리를 짓고 상대편을 무조건 배격하고 옳든 틀리든 "같은 편 사람은 편들고 다른 파 사람은 배격한다." 또는 "자기 관점과 같은 사람을 같은 파벌(편)로 보고 자신과 견해가 다른 사람은 적으로 간주하고 공격한다." 즉, '당동벌이(黨同伐異)'한다는 말이 이렇게 유래했다고 한다.

학술적 의견 차이에서 비롯된 이 '당동벌이'는 훗날 당파(黨派)싸움을 의미하는 말로도 쓰여 당파는 결국 '정치적 이익 고수를 위해 수단과 방법을 가리지 않는 무리(동당)가 만들어 낸 산물'이라는 뜻으로 쓰이게 되었다고 한다.

물론 당동벌이는 오랫동안 내가 몸담은 증권업계에서 흔히 쓰이진 않지만 내 전략과 전망이 다른 사람들의 전략과 전망을 인정하지 않는 경우가 다반사다. 하지만 지금 되돌아보면 나와 생각이 다른 사람들의 견해와 관점의 차이를 인정하고 늘 고려하는 습관을 갖는 유연성이 내가 더 성장·발전하기 위한 당연한 전략적 전술이라고 할 수 있을 것 같다. 내 관점의 차이를 넘어서야 더 멀리 더 큰 그림을 그릴 수 있다는 것을 명심하자.

"내 관점의 차이를 넘어서야 더 멀리 볼 수 있다."

"The experiences and recollections which remain in your memory shape your perspective."
당신의 기억 속에 남아 있는 경험과 기억이 당신의 관점을 만든다.

4

정도를 걸어갈 용기를 갖자

子曰:"巧言亂德 小不忍則亂大謀."

공자께서 말씀하셨다. "교묘한 말은 덕을 어지럽히고 작은 것을 참지 못하면 큰일을 어지럽힌다." 특히 '교언(巧言)' 즉, '옳고 그름을 바꾸어 꾸미는 번지르르한 말'을 경계해야 한다. 내 자녀들에게 꼭 해주고 싶은 말이다. 정도(바른 길)를 정심(바른 마음)으로 끝까지 걸어갈 용기를 가지라고 말이다.

살다 보면 어느 지점에서든 '위기'와 '곤경'을 만나거나 교묘한 꾐에 속아 큰 것을 잃을 때가 있다. 다가올 위기와 곤경, 꾐과 속임수를 극복하려면 정도(바른 길)를 걸어갈 용기를 잃지 않겠다는 생각을 밤잠을 뒤로하고 해본다.

'도행폭시(倒行暴施)' 하지 말고 '직도이행(直道而行)' 하자!

* 도행폭시: 목적 달성을 위해서라면 상식과 도리에 어긋나도 수단과 방법을 가리지 않다.
* 직도이행: 정도(正道)를 따라 사심 없이 일을 행하다.

5

행복은 자기 마음의 크기다

'사소함과 귀중함'

"가장 사소하다고 생각한 것이 가장 귀중한 것인 줄 모른다."

1. Good Friend

    "유익한 벗이 셋 있고 해로운 벗이 셋 있다. 곧은 사람과 신용 있는 사람과 견문이 많은 사람을 벗으로 사귀면 유익하지만 편벽한 사람과 아첨을 잘하는 사람과 말이 간사한 사람을 벗으로 사귀면 해롭다."
    -공자-

2. Now

    "나무는 겨울이 되어 잎이 떨어진 후에야 꽃이 피던 가지와 무성하던 잎이 다 헛된 영화였음을 깨닫고 사람은 죽어 관뚜껑을 닫을 때 비로소 자손과 재물이 쓸모없음을 깨닫는다." -채근담-

3. The Standard of Happiness

행복의 기준을 생각하다가 인터넷 검색창을 쳐보면 천 가지 기준이 있는 것 같다. 수많은 행복의 기준과 관련된 단어 중에서 내 가슴에 와 닿은 유일한 단어는 '감사'였다. 행복은 자기 마음의 크기 만큼이다.

6

눈 가리고 아웅하지 말라

'엄목이포연작(掩目而捕燕雀)' - 『삼국지연의(三國志演義)』 제2회 (第二回) -

'엄목이포연작'은 "눈 가리고 아웅하다"라는 속담과 같은 뜻이다. 눈을 가리고 새를 잡는다는 뜻으로 얕은 꾀로 결국 자신을 속이는 짓을 말한다.

같은 뜻으로 '미봉책(彌縫策)', '고식지계(姑息之計)', '임기응변(臨機應變)', '하석상대(下石上臺)' 등이 있다.

즉, 눈가림이나 꾸밈 등 즉흥적인 방법이나 꾀로는 근본적으로 문제를 해결할 수 없다는 의미처럼 다시 한번 내 삶의 진정성 있는 모습을 돌아보며 내 마음을 다시 가다듬는다. 그리고 자신에게 당당한 삶을 살아라. 얕은 꾀로 당장 작은 이익은 취할 수 있지만 큰 이익은 얻을 수 없으며 진정한 동반자나 비즈니스 성과도 거둘 수 없다. 무엇보다 삶의 정도를 걸어갈 수가 없다.

성공하는 삶과 성공하는 투자의 정석은 소의 걸음으로 정도(바른 길)를 걷는 것이다. 세상 모든 인간사와 심지어 내가 몸담은 주식시장도 마찬가지다. 나는 항상 투자자들에게 이런 조언을 드린다.

"'정석 투자'의 지름길은 없다. 깊이가 없는 기교나 기술, 뇌동 심리로 당장 작은 성과는 거둘지 모르지만 꾸준히 큰 성과를 주지는 않는다. 당당한 성과를 원한다면 진짜가 되어야 한다."

7

사소한 말 한마디가 우리를 울리고 설레게 한다

"미안해!"
"사랑해!"
"고마워!"

영화「미안해 사랑해 고마워」는 가깝다는 이유만으로 마음을 표현하지 못하던 각양각색의 사람들에게 찾아온 일상의 가장 빛나는 고백의 순간을 담은 영화다. 가족, 친구, 연인 등 다양한 관계의 이야기를 그린 영화로 2015년 10월 개봉했다.

오래전 과거의 오해와 비밀을 풀어나가는 왕년 챔피언 친구인 강칠(김영철 분)과 종구(이계인 분)의 뜨거운 고백 이야기이자 까칠한 여배우 서정(성유리 분)을 오랜 시간 항상 옆에서 지켜보며 10년째 짝사랑해온 매니저 태영(김성균 분)의 용기 있는 고백 이야기다.

자기 딸을 죽인 범인의 딸을 마주해야 했던 형사 명환(지진희 분)과 아빠가 돌아오기만 손꼽아 기다린 은유(곽지혜 분)의 진실한 고백 이야기가 각각 옴니버스 형식으로 전개되는데 평범한 일상에서 일어나는 우리 모두의 이야기를 통해 소홀해지는 관계들의 소중함을 일깨우고 배우들의 열연도 재미를 더해주는 즐길 수 있는 영화다.

우리가 이 영화 제목에서 쓴 3가지 단어의 사전적 의미를 살펴보자.

1. 미안해(남에게 불편하고 부끄러운 마음)
2. 사랑해(다른 사람을 애틋하게 그리워하고 열렬히 좋아하고 아끼고 위하며 소중히 여기는 마음. 어떤 대상을 매우 좋아해 아끼고 즐기는 마음)
3. 고마워(도움이 되어 마음이 흐뭇하고 즐겁고 감동적인 마음)

"미안할 때, 사랑할 때, 고마울 때는 곧바로 말하라!" 이 말은 감성으로 서로 주고받으므로 아무도 이 3가지 말을 사전적인 의미로 해석하지는 않을 것이다.

연말연시가 되면 상대방에게 복을 기원하며 듣기 좋은 말을 해주는 것을 우리는 '덕담'을 건넨다고 한다. 오늘 이 영화를 다시 보면서 이번에 더 힘들었을 내 이웃과 가족에게 듣기 좋은 말, 신나는 말, 위로와 힘이 되는 덕담을 어서 건네야겠다.

"당신이 곁에 있어 힘이 납니다."
"사랑해요."
"여러모로 정말 수고했습니다."

"고마워요."

"내 생각이 많이 부족했습니다."

"미안해요."

"사소한 말 한마디가 우리의 마음을 울리고 설레게 한다."

8

부러지더라도 휘지는 말라

'백절불굴(百折不屈)'
"백 번 부러지더라도 휘지는 말라."

우연히 알게 된 사자성어…. 새해 나 자신과의 약속이다. 개인적으로 고전을 너무 좋아하는 나는 '백절불굴'의 뜻과 유례를 찾아보았다. "백 번 부러지더라도 휘지는 않는다"라는 뜻으로 어떤 어려움에도 굽히지 않는 정신 자세를 표현한다.

후한시대 교현(橋玄)의 강직함을 칭송해 훗날 채옹은 글 '태위교현비(太尉喬玄碑)'에 비문을 지었는데 "백 번 부러져도 휘지는 않았고 큰 절개에 임하면 빼앗을 수 없는 풍모를 지녔다(有百折不撓 臨大節而不可奪之風)."라는 말에서 유래했다고 한다.

이처럼 한나라 때 교현은 악을 원수처럼 미워한 청렴하고 강직한 인물로 알려져 있다. 관직에 있을 때도 법을 어긴 부하를 즉시 사형에 처할 정도였고 태중 대부 개승(蓋升)이 황제와 사이가 가까운 것을 믿고 백성을 착취한 사실을 적발해 처벌할 것을 상소했지만 받아들여지지 않자 병을 핑계로 사직했고 훗날 황제가 태위(太尉) 벼슬을 내렸지만 응하지도 않은 것으로 전해진다. 이처럼 널리 알려진 일화를 통해 당시 많은 사람이 교현의 '백절불굴'의 정신을 늘 존경했다고 한다. '백절불굴'과 같은 뜻으로는 '백절불회(百折不回)', '불요불굴(不撓不屈)', '위무불굴(威武不屈)' 등이 있다.

새해 나와의 약속이자 내 아이들에게 전해줄 조언인 "부러지더라도 휘지는 말라"라는 이 다짐을 다시 생각해본다.

"신은 인간이 겪을 수 있을 만큼의 고통만 주었다."
"시련은 있어도 실패는 없다."

20년 전 다이빙사고로 전신 마비가 된 후로 현재까지 성장한 나는 이 정도 이야기는 들려줄 자격이 있다고 생각한다. 앞으로도 인생을 살아가다 보면 종종 시련을 만나겠지만 "쓰러지는 것을 두려워하지 말고 다시 일어날 용기를 잃는 것을 두려워하라"라는 말처럼 '백절불굴'의 정신으로 내 길을 묵묵히 걸어가자고 다시 한번 다짐한다.

-'천 번은 흔들려야 어른이 된단다'-

9

소탐대실하지 말라

나는 '소탐대실'하는 사람들을 주변에서 너무 많이 봐왔다.

'안하무인(眼下無人)'은 눈앞에 아무도 없는 듯이 행동하는, 예의 바르지 못한 태도, 혼자 우쭐해 남들을 전혀 신경 쓰지 않는 자세를 나타낸 말로 됨됨이가 교만해 건방지게 행동하고도 부끄러운 줄 모르고 남을 업신여기고 분별없이 잘난 척하는 사람을 일컫는다. 같은 뜻으로 '안중무인(眼中無人)', '방약무인(傍若無人)', '오만불손(傲慢不遜)', '오만무도(傲慢無道)', '오만무례(傲慢無禮)' 등이 있다.

어울리지 않고 도가 지나친 행동을 하면 '꼴값 떤다'라고 하는데 이 때 '꼴'은 사전적 의미로 '사물의 생김새나 됨됨이'다. '꼴이 말이 아니다', '꼴사납다', '꼴 좋다' 등 부정적인 의미로 격에 안 맞고 형편없이 행동하는 사람을 흉보는 표현이다.

'육갑 떠다'라는 말도 있는데 육갑은 손가락이 온전치 못한 사람이 육십갑자를 집는 모습을 비하한 것으로 현재는 '병신 육갑 떤다'라는 상스러운 욕으로까지 변했다.

새해 먼저 경계해야 할 것부터 생각해본다. 누군가와 무슨 일을 할 때는 '오만방자(傲慢放恣)'한 행동을 최우선으로 경계(금)하자. 오만해지면 남들을 폄훼하고 조심성이 사라지고 건방지고 거만해져 양아치도 감히 하지 못할 꼴불견 행동을 점점 주저 없이 남들에게 할 수도 있다.

"든사람 되는 것보다, 난사람 되는 것보다, 된사람 우선 되어라!"
어릴 때부터 부모님의 가르침이었고 나도 자녀에게 전해줄 가르침이다.

태도가 모든 것을 결정한다. 벤자민 프랭클린(Benjamin Franklin)의 13개 덕목(Virtue)을 소개한다.
절제, 침묵, 질서, 결단, 절약, 근면, 진실, 정의, 중용, 청결, 평정, 순결, 겸손

10

인간만 배가 안 고파도 사냥을 한다

사자나 호랑이는 평소 먹이를 비축하지 않고 배가 고플 때만 사냥하는 반면, 인간은 배가 고프지 않아도 내일 먹을 식량을 구하기 위해 쉼 없이 사냥하고 창고와 통장이 넘쳐도 일을 멈추지 않는다고 한다. 이러니 인간의 욕망과 욕심이 끝이 없다고 하는 것이다.

승려들이 사용하는 공양 그릇은 요기만 해결하고 욕심은 비우라는 '마음 그릇'이 본질이라면 인간 됨됨이 밥그릇은 각자 달라 사고를 치고 손가락질받는 사람들은 자신을 너무 모르고 욕망과 욕심의 밥그릇만 채우는 데 급급해 사고가 난다고 한다. 각자의 마음 그릇에 따라 자신의 운명이 결정되고 닫힌 마음도 해결된다고 한다.

스티브 잡스(Steve Jobs)는 유언에서 "평생 내가 성취한 부를 나는 가져갈 수 없다. 내가 가져갈 수 있는 것은 내가 사랑에 빠졌던 추억들뿐이다. 그 추억들이야말로 따라주고 함께 해주며 살아갈 힘과 빛을 주는 진정한 부다. 이 세상에서 가장 값비싼 침대는 '병상'이다. 운전해주거나 돈을 벌어줄 사람은 채용할 수 있지만 자기 대신 아파줄 사람은 구할 수 없다. 잃어버린 물건은 되찾을 수 있지만 잃은 후 절대로 되찾을 수 없는 것이 하나 있으니 그것은 '삶'이다."라고 말했다.

"나무를 보지 말고 숲을 보라"라는 말이 있다. 일반적으로 작은 일에 치우치지 말고 큰 흐름을 읽으라는 뜻인데 우리가 이 말을 생각할 때 숲을 먼저 정하고 그 숲을 만들기 위해 나무를 심을지, 숲을 정하기 전에 심고 싶은 나무를 심을지 우선순위를 생각해본 적은 없을 것이다. 그러니 "숲을 보라"의 역발상으로 "내가 심고 싶은 나무는 무엇인가?"라는 고민은 자신이 하고 싶은 것을 먼저 하고 매사 최선을 다하다 보면 이런 좋은 경험들이 나무가 뿌리를 내리는 거름이 되어 훗날 자신만의 숲의 밑바탕이 된다는 데 의미가 있다고 생각한다.

새해 방향성을 찾아보며 지나친 욕심과 욕망을 자제하고 사랑 추억의 귀한 부를 쌓으며 심고 싶은 나무를 키우고 가꾸는 '내 삶' 만들기에 집중할 생각이다. 니체는 말했다. "그대 지금 무엇을 극복하고 있는가?" 그리고 "아무리 많은 돈을 주어도 아무도 나 대신 아파 병상에 누워 있지는 않는다."

11

오늘 걷지 않으면
내일은 뛰어야 한다

스포츠에서 삶의 지혜를 배운다.

"오늘 걷지 않으면 내일은 뛰어야 한다."-축구선수 카를로스 푸욜-

"골프 코스에 직선은 없다. 하나님은 직선을 그은 적이 없다."

-잭 니콜라스-

"실수도 골프 경기의 일부다. 다양한 실수를 얼마나 극복하느냐가 플레이어라는 증거다."-프로 골퍼 우드 하워드-

"골프는 왜 매력적인가? 골프는 죽은 공을 살려내는 것이다. 가만히 있는 공을 살려내 목적지까지 보내는 것이기 때문이다."-박세리-

"축구공은 둥글어 어디로 튈지 모른다. 천방지축 날뛰는 놈은 온몸으로 상대방을 따돌리기 때문에 박수친다."

"축구에서 결정적인 찬스가 오면 골을 넣어야 하듯이 몇 번만 찾아오는 인생의 기회도 반드시 성공시켜야 한다."

"축구공은 제멋대로 날뛰기 때문에 잘 다루어야 하듯이 인생이라는 공도 잘 다루어야 한다."

"야구경기에서 수비는 공이 날아올 때가 아니라 투수가 공을 던지기 전부터 이미 시작된다. 레디 포지션에서 사람들은 자신에게 공이 날아오면 어떻게 행동할지 생각한다. 자신에게 날아오면 멋지게 잡아 멋지게 송구하는 것은 상상 속에서나 가능하고 대부분 공은 예상과 전혀 다르게 날아온다. 인생도 자기 마음대로 되지 않는다. 마음대로 되지 않는 인생에 지치고 괴롭다면 이렇게 생각해보자. '원래 인생이 그렇다.' 당신이 잘못하거나 못나서가 아니라 인생은 원래 예측 불가능하기 때문이다."

"야구는 팀 스포츠이고 그라운드와 더그아웃에는 동료들이 있다. 삼진 아웃을 잡아도 원아웃이지만 땅볼이나 플라이로 타자를 잡아도 원아웃이다. 혼자 모든 것을 감내하려고 하지 말자. 인생도 야구도 혼자가 아니다."

"'야구는 9회말 투아웃부터'라는 말이 있다. 삶에도 기회는 찾아온다. 중요한 것은 그 기회를 잡느냐 못 잡느냐이고 그것은 나 자신에게 달려있다. 인생도 야구도 늘 '레디 포지션'이 중요하다."

"야구는 인생과 묘하게 닮았다. 우선 야구는 사람 중심 스포츠다. 모든 구기 종목은 공이 골문을 통과하거나 목표지점에 도달해야 득점으로 인정되고 승패가 결정되지만 야구는 사람이 홈(목표지점)에 들어와야 득점이 되는 유일한 구기 종목이다. 기회도 공격팀과 수비팀에게 똑같은 구기 종목이 야구다. 인생도 사람이 중심이고 기회도 누구에게나 똑같이 주어진다."

스포츠를 흔히 인생에 비유한다. 스포츠의 승리와 패배 과정에서 얻는 경험, 승리라는 목표를 위해 노력하는 과정 등이 우리가 살아가는 모습과 별로 다르지 않기 때문일 것이다. 그래서 정말 알 수 없는 것이 스포츠이자 인생이라고 할 수 있다. 인생도 나 자신이 끝까지 포기하지 않으면 기회가 반드시 찾아온다는 믿음이 중요하다. 승리하는 삶의 지혜를 '스포츠와 인생'에서 생각해본다.

1. 내가 흘린 땀은 배신하지 않는다.
2. 몸 키우기보다 마음 키우기가 중요하다.
3. 실패의 두려움을 줄이고 성공의 기대감을 끌어올려라.
4. 역전승의 꿀맛을 잊지 말라.
5. 절체절명의 위기의 순간에도 기회는 있다.
6. 예상치 못한 기적의 결과에서 황홀감도 노력만으로는 뛰어넘을 수 없는 벽 앞에서는 겸손을 배운다.
7. 스펙이 아닌 스토리가 감동을 선사한다.

"끝날 때까지 끝난 것이 아니다." -야구선수 요기 베라-

"내가 선을 긋는 순간 한계는 결정된다." -레슬링 올림픽 금메달리스트 심권호-

"인생에서 실패를 거듭한 것이 내가 성공한 정확한 이유다." -농구선수 마이클 조던-

"하루 연습하지 않으면 나 자신이 안다. 이틀 연습하지 않으면 갤러리가 안다. 사흘 연습하지 않으면 전 세계가 안다." -프로 골퍼 벤 호건-

12

감쪽같다고 짝퉁(거짓)이 명품(진실)이 될 수는 없다

"짝퉁은 명품이 될 수 없고 거짓은 진실이 될 수 없다"라는 말을 흔히 듣는다. '감쪽같다'는 꾸미거나 고친 것을 전혀 눈치채지 못할 만큼 티가 안 나는 것인데 이 표현의 어원으로 2가지 설이 있다.

첫째, 곶감의 쪽이 너무 달고 맛있어 누가 와 빼앗아 먹을까 봐 재빨리 먹어치우고 흔적을 없애는 행동에서 생겼다는 설이다.

둘째, 감 접붙이기에서 유래했다는 설이다. 접을 붙일 때 바탕이 되는 고욤나무를 칼로 벗기고 눈이 달린 감나무 가지를 붙여 끝으로 칭칭 감는다. 이렇게 접을 붙이고 1년이 지나면 두 나무가 밀착되면서 서로 붙인 것이 맞나 생각할 정도로 표시가 거의 안 나는데 여기서 감접을 한 것처럼 흔적이 없다는 뜻이 생겼다는 설이다.

요즘 세상은 어지럽고 정치, 경제, 사회는 각 진영의 입장에 따라 각자의 주장만 난무하는 '개떡 같은 세상'이 되어버렸다. 우리가 보고 듣는 것이 아무리 감쪽같더라도 언젠가는 결국 진실이 드러나고 밝혀진다고 생각한다. 그러니 지극히 평범한 이 진리를 빨리 깨닫고 각성하고 정의로운 리더라면 '짝퉁 정치'가 아닌 '명품정치'를 펼쳐주기를 기대한다.

운동한 후 헬스장 문 앞에 적힌 문구를 다시 읽으며 오늘도 웃는다.

"이 문을 들어오는 사람이 최고 명품이다!"

13

사용하는 언어가 곧
그 사람의 품격이다

인간과 동물의 차이는 스스로 사고하는 능력과 자기 생각과 감정을 자유롭게 말로 표현하는 것이라고 생각한다.

알버트 반두라(Albert Bandura, 1925~2021)는 인지 과정, 관찰 학습, 자기효능의 역할을 강조한 사회인지 이론으로 유명한 심리학자다. 그는 자기효능감이 삶의 다양한 영역에서 과제를 완수하고 목표를 달성하고 도전을 극복하는 능력에 대한 믿음이라고 주장하면서 이런 자기효능감은 어떻게 생각하고 행동하고 느끼는지 결정하는 데 중요한 역할을 한다고 주장했다.

이 이론에서 그는 개인의 자기효능감 신념에 기여하는 4가지 주요 원인을 다음과 같이 설명했다.

1. 성취 경험
2. 대리 학습

3. 언어적 설득
4. 정서적 각성

여기서 '언어적 설득'은 타인의 격려, 긍정적 피드백 등이 자기효능감을 향상시킬 수 있다는 것으로 흔히 "칭찬은 고래도 춤추게 한다", "가는 말이 고와야 오는 말도 곱다"라는 표현이 있다.

비난, 저급한 공격적 표현, 부정적 피드백 등은 입에서 나오는 독이 되고 상처가 되는 말들로 결국 이런 표현은 자기효능감을 떨어뜨린다는 것을 알아야 한다. 그러니 자기 생각을 수시로 말로 표현하는 우리는 말 표현에 더 조심하며 품격있는 언어 표현으로 주변 모든 사람의 자기효능감을 높여주는 공감, 격려, 긍정적 피드백 등을 구사해줘야 한다고 생각한다.

내 단골집 '솔청청'에서 해장국을 먹고 나올 때 식당 주인이 "오늘도 맛있게 드셨어요? 쌍둥이들은 잘 크고 있죠? 깍두기 좀 가져가실래요? 오늘도 행복한 하루 되세요. 감사합니다."라고 말을 건네면 나도 "엄청 많이 컸어요. 이젠 노래도 불러줘요. ㅎㅎ 오늘도 너무 맛있게 잘 먹고 갑니다. 좋은 하루 보내세요."라고 대답한다.

진정한 소통은 어려운 단어들을 써가며 듣기에도 거북한 저급한 표현이 아니라 마음의 정과 따뜻함이 전해져 기분(효능감 업)이 좋아지고 마음이 오가는, 거창한 인지 이론도 아닌 상식적인 소통이라는 생각이 들었다.

14

'실건실제(失健失諸)'
건강을 잃으면 모든 것을 잃는다

나는 3년마다 힘든 건강검진을 받고 있다. 나를 모르는 사람들은 모르지만 20년 전 다이빙사고로 경추골절, 불완전 전신 마비 상태에서 온갖 수술과 시술, 오랜 재활 끝에 상당히 회복되었다. 물론 여전히 휠체어를 타고 천천히 세상을 즐기면서….

척수손상 환자에게 쉽지 않은 검사들이 많지만 두 아이의 아빠가 된 후로는 특히 건강상태에 꾸준히 관심을 기울이고 '실우치구(失牛治廐)'하지 않기 위해 노력 중이다.

주변에서 우리가 흔히 듣는 말들을 되새겨본다. "돈을 잃으면 적게 잃는 것이고 사람을 잃으면 많이 잃는 것이고 건강을 잃으면 전부 잃는 것이다" 그리고 새해에는 더 철저한 자기관리를 해야겠다고 생각하는 아침이다.

1. 상수여수(上壽如水): 건강히 오래 살려면 흐르는 물처럼 도리에 따르라.
2. 소번다면(少煩多眠): 걱정, 근심을 적게 하고 잠을 많이 자라.
3. 소욕다시(少慾多施): 욕심을 줄이고 남들에게 많이 베풀어라. 지나친 욕심은 건강과 장수에 해롭다.
4. 소염다초(少鹽多酢): 염분은 적게 먹고 식초를 많이 먹어라.
5. 소노다소(少怒多笑): 화는 적게 내고 많이 웃어라.
6. 두한족열(頭寒足熱): 건강을 위해 머리는 차갑게, 발은 따뜻하게 하라.

요즘 여러 가지로 정말 힘든 세상이다. 뭔가를 잃을 수는 있지만 건강은 절대로 잃지 말자! 그래야 다시 시작할 수 있다. 그리고 다시 외쳐본다.

"실건실제(失健失諸), 건강을 잃으면 모든 것을 잃는다."

15

겁먹은 강아지가 더 크게 짖는다

"나는 귀가 열린 사람인가, 닫힌 사람인가?"라는 말이 문득 떠오른다.

"남의 쓴소리를 좋아하지 않는다." -호질기의(護疾忌醫)-

사자성어 '호질기의'는 "병이 있는데도 숨기고 의사에게 보이지 않는다"라는 뜻이다. 즉, 문제가 있는데도 그것을 인정하지 않고 남의 충고도 듣지 않는다는 뜻으로 중국 북송시대 유학자 주돈이가 쓴 『통서』에 등장한다.

한 해를 보내며 우리 자신이 처한 여러 가지 일들에서 문제의 본질을 파악하지 않은 채 '호질기의'해 더 전문가인 남의 말을 듣는 자세가 부족하고 자신의 능력에 대한 맹신과 자기편(견)만 우선시하거나 본질적인 문제해결에는 무능한 모습을 보이며 미봉과 임기응변으로 급급하진 않았는지 되돌아볼 때다. 평소 우리는 '호질기의'

를 인간사와 인간관계에서 늘 경험하고 있지 않은가?

"군자는 화이부동(和而不同)하고 소인은 동이불화(同而不和)한다"라는 말이 떠오른다. 즉, 남들과 사이좋게 지내지만 무턱대고 어울리지는 않는다는 뜻으로 서로의 다름과 차이를 전제로 조화(調和)를 강조한 말이다. 내 생각, 내 편, 내 능력만 믿고 내 주변(이웃사람)과 조화를 이루지 못하고 남(전문가)의 쓴소리에 귀 기울이지(소통하지) 않는다면 '군자'가 아닌 '소인'일 뿐이다.

이 표현도 떠오른다.

"겁먹은 강아지가 더 크게 짖는다."

16

행복하려면 자신이 가진 보물을 세어보라

31개월 된 우리 쌍둥이들과 대화하면서 요즘 내가 꼭 해주는 말이 있다. "우리 서윤이, 서준이는 우리 집 보물이야! 그래서 아빠는 진짜 부자야!" 뭐 반쯤 알아들었으리라 생각한다. 내게 없는 것, 내게 부족한 것, 내가 갖고 싶은 것, 내가 못한 것을 생각하지 말고 내가 가진 보물들을 하나씩 세어보자.

어디선가 우연히 본 글이 있다. 불의의 사고나 신체장애로 신체적, 정신적 고통을 크게 겪으면 삶에 더 감사하게 된다는 글이다. 뭐, 이건 내 얘기나 다름없으니 충분히 공감하고 동의한다. 하지만 진정 지금의 나를 있게 한 것을 생각해보면 바로 감사와 긍정의 힘이다. 지금 생각해보면 그것은 내가 가진 최대 장점이자 가장 값비싼 보물이었다. 그래서 늘 나는 비교적 행복했던 것 같다. 그리고 지금은 상상도 못한 가장 값비싼 보물(서둥이들)까지 얻었다.

나는 늘 나 자신에게 최면을 건다. 이래도 감사하고 저래도 감사하고 뭐든지 잘 될 거라는 절대 긍정의 최면을 건다. 그리고 오늘도 내가 가진 보물들을 생각하며 자기 최면을 걸어본다. 때마침 과거에 들었던 구피의 '다 잘 될 거야'가 라디오에서 흘러나온다.

'임중도원(任重道遠)'은 "짐은 무겁고 갈 길은 멀다"라는 뜻으로 『논어(論語)』'태백편(泰伯篇)'에 실린 고사성어다. 우리 모두 지고 있는 삶의 무게는 무겁고 갈 길은 멀지만 내가 가진 보물들을 생각하며 포기하지 말고 오늘도 '킵 고잉(Keep going)'이다.

17

중요한 것은 같은 마음이라는 거야

"같은 곳을 바라보며 같은 길을 걸으며 다른 마음으로 살아간다면 함께 있는 것 같아도 각자의 길을 걸어가는 것이다. 다른 곳을 바라보며 다른 길을 걸어도 같은 마음으로 살아간다면 멀리 있는 것 같아도 같은 길을 걸어가는 것이다. 함께 하고 함께 산다는 것은 같은 마음으로 각자의 삶을 열심히 살아내는 것이다."

'좋은 사람에게만 좋은 사람이면 돼' -김재식-

힘든 요즘 이 책을 읽으며 내 삶에서 지금 보내는 시간에 '선택과 집중'의 기준을 다시 한번 깨닫는다. 사람이 재산일 수도 있지만 그것은 수량을 의미하지 않는다. 모두가 나를 좋아하지 않아도 된다. 나를 알아주는 1명만 있으면 된다. 한정된 시간을 많은 곳에 조금씩 나누어 보내지 말고 나를 소중히 생각하는 사람과 많은 시간을 보내는 데 집중하자. 나를 알아주는 1명과 소중한 시간을 더 많이 보내는 삶을 꿈꾸며 잠든다.

18

긍정의 힘을 키워라

이제 나도 아버지다. 아버지가 되어 맞는 어린이날 아침이다. 모든 부모는 자식에게 뭔가를 전해주고 싶어 한다. 나도 내가 가진 것을 꼭 전해주고 싶다. 돈이 아닌 긍정의 힘과 처세술을 전해주고 싶다. 그리고 나머지는 너희가 잘 채워가기 바란다. "늘 밝은 얼굴로 세상을 밝게 보고 세상만사 늘 긍정의 마음으로 임하고 어려움이 있을 때는 특히 절대 긍정의 힘을 믿고 밝고 긍정적인 사람을 가까이 하길 바란다." 그리고 이 세상 모든 자녀에게 해주고 싶은 한마디를 생각해본다.

하나. "행복의 문이 닫히면 다른 문들이 열린다. 하지만 우리는 대부분 닫힌 문들을 멍하니 바라보다가 우리를 향해 열린 문을 정작 보지 못한다." -헬렌 켈러-

둘. "노(no)'를 거꾸로 쓰면 전진을 의미하는 '온(on)'이 된다. 모든 문제에는 문제를 푸는 열쇠가 반드시 있다. 끊임없이 생각하고 찾아내라." -노먼 빈센트 필-

셋. "희망이 도망치더라도 용기를 잃으면 안 된다. 때때로 희망은 우리를 속이지만 용기는 힘의 입김이기 때문이다." -부데루붸그-

"구하라. 그러면 너희에게 주실 것이요. 찾으라. 그러면 찾을 것이요. 두드려라. 그러면 너희에게 열릴 것이니." -누가복음 11장 9~10절-

우리 모두의 자녀들이 용기를 갖고 긍정적인 문제해결의 방향으로 다름의 새길을 희망과 행복의 꿈을 품고 인생의 하루하루를 감사하며 건강하고 즐겁게 밝은 얼굴로 걸어가길 응원해본다.

19

'내일'은 패자들의 단어다

'작심(作心)'이라는 말을 처음 쓴 것은 맹자로 문자 그대로 "마음을 다잡다"라는 뜻이었다. 이처럼 맹자가 긍정적인 의미로 쓴 말이 우리나라에서는 정반대의 의미로 쓰이고 있다.

삶에서 가장 파괴적인 단어는 '내일'이라는 단어다. '내일'이라는 단어를 자주 사용하는 사람들은 대부분 매사에 게으르고 일 처리가 늦고 능동적이 아니라 수동적으로 일한다. 그런 사람들은 뭔가를 내일부터 시작하겠다고 종종 말한다. 내일부터 운동과 다이어트를 시작하겠다고 말하는 것이다. '오늘'은 '승자'들의 단어이고 '내일'은 '패자'들의 단어라고 흔히 말한다. 당신의 인생을 바꿔주는 단어는 '오늘'과 '당장'이다.

세상에 아무 의미도 없는 '사소한 것'은 없다. 그 모든 '사소함'은 결국 위대함으로 가는 발판이다. 하고 싶다고 말만 하고 아무것도 하지 않으면 무기력이라는 늪에 빠지고 만다. 꿈을 향해 하루하루 매진할 때 그 꿈은 현실이 된다.

'하고 싶다, 하고 싶다, 하고 싶다' -하우석-

오늘부터 우리는 새해 '작심삼일'의 뜻을 되새기고 각자 마음을 다 잡고 하고 싶은 새해 꿈을 다시 키워나가자. '오늘의 가치', '사소함의 위대함', '하고 싶은 마음'이 삶의 찐 원동력임을 새삼 느낀 하루였다.

20
가족이 힘이다

2002년 월드컵이 열리던 해 정확히 11월 17일 나는 29살이었다. 그해 나는 다이빙사고로 불완전 전신 마비가 되었다. 그후 지금의 나를 있게 해준, 내게 가장 큰 힘이 된 것은 역시 가족이었다.

나의 인생 3막은 이렇다.

태어나 휠체어를 타기까지가 1막이다.
휠체어를 타기 시작하면서 쌍둥이가 생기기까지가 2막이다.
50살이 다 되어 쌍둥이가 생기면서 3막이 시작되었다.

삶의 의미

인간은 혼자 가는 존재가 아니라 동행하는 존재다. 아픔도 기쁨도 함께할 수 있는 존재, 인간만 느낄 수 있는 특권이다. 결국 가족이 힘이다. 잘 간수하고 잘 관리하고 잘 키워나가자.

인생 3막이 시작되면서 진정한 행복이 시작되었다.

21

고장난 벽시계는 멈추었는데
저 세월은 고장도 없네

세월아!
너는 어찌 돌아도 보지 않느냐.
나를 속인 사람보다 네가 더 야속하더라.
한두 번 사랑 때문에 울고 났더니 저만큼 가버린 세월.
고장난 벽시계는 멈추었는데 저 세월은 고장도 없네.
청춘아!
너는 어찌 모른 척하고 있느냐.
나를 버린 사람보다 네가 더 무정하더라.
뜬구름 쫓아가다 돌아봤더니 어느새 흘러간 청춘.
고장난 벽시계는 멈추었는데 저 세월은 고장도 없네.

'고장난 벽시계' - 나훈아-

"세월 앞에 장사 없다"라는 말이 생각난다. 새해도 벌써 첫 주가 시작되었는데 이렇게 세월은 또 고장도 없이 휙휙 지나간다. '후회'

없이 올 한 해를 보내자고 누구나 다짐했을 텐데 '작심삼일' 혹시 벌써부터 뉘우침이나 후회로 한 주를 시작하지는 말아야겠다. 시간이 지나면 꼭 후회되는 일상을 생각하며 적어본다. 그리고 우리 모두 후회 없이 새해 꿈을 이루어 나가시길 응원해본다.

1. 기회가 왔을 때 여행하지 않은 것(나이가 들수록 더 절감한다.)
2. 더 열심히 운동하지 않은 것(100세 시대 유산소 운동, 근력 병행 운동이 에너지원 같다. 당장 시작하자.)
3. 외국어 공부에 더 투자하지 않은 것(시간적 자유, 경제적 자유, 나아가 언어적 자유가 공간적 자유의 필수 요소로 뼈저리게 느껴진다.)
4. 선크림을 바르지 않은 것(피부는 돈으로 재생할 수 없다. 나이가 들수록 더 듬뿍 바르자.)
5. 부모님과 아내, 자녀와 충분히 놀아주지 못한 것(뭣이 중한지 깨달았을 때는 이미 늦다. 아내와 자녀에게 후회할 일을 만들지 말자.)
6. 멋진 요리 1가지를 배우지 않은 것(늙어가면서 창의적, 자생적 생활 태도와 역할도 늘려가야 한다.)
7. 시작한 것을 끝마치지 못한 것(후회스러운 일이 반복되면 결국 미완성 삶이 될 수 있다. 미완성을 하나씩 완성해보자.)
8. 진실한 충고를 가볍게 여긴 것(부모님, 동반자의 이야기는 이해득실을 떠나 무조건 사랑의 이야기다. 나중에 보면 다 맞다.)

"20년 후 당신은 틀림없이 했던 일보다 하지 않은 일 때문에 더 화가 날 것이다."

'나는 떠났다 그리고 자유를 배웠다' -마이케 빈네무트-

22

실천하지 않으면 전진은 없다

"생각이 바뀌면 행동이 바뀌고 행동이 바뀌면 인생이 바뀐다. 행동은 말보다 그 소리가 크다." -탈무드-

"행동하라. 오늘보다 높은 내일을 위해 행동하라. 세계의 넓은 들판에서, 인생의 싸움터에서, 목 매인 송아지처럼 쫓기지 말고 투쟁하는 용사가 되어라. 위인의 생애를 돌아보고 인생을 숭고히 여겨라. 그리고 그대의 생이 끝나는 날, 시간의 모래 위에 영원한 발자국을 남겨라." -H. W. 롱펠로우-

"행동이 곧 웅변이다." -셰익스피어-

"행동이 반드시 행복을 가져다주진 않지만 행동 없이는 행복도 오지 않는다." -디즈레일리-

"행위가 인생이 되고 곧 운명이 된다. 이것이 바로 우리 인생을 지배하는 법칙이다." -톨스토이-

"참된 음악가는 음악을 즐기는 사람이고 참된 정치가는 정치를 즐기는 사람이다. 모든 즐거움은 힘, 곧 활동을 전제로 한다. 활동이 없는 곳에 즐거움이 있을 수 없다."

-아리스토텔레스-

밖으로 나와 걷기만 해도 당신은 일보 전진하는 것이다. 실천에 힘쓰자. 나는 생각을 하고 생각한 것을 곧바로 행동으로 옮기면서 여기까지 왔다. 물론 즐기면서….

23

적극적인 마음가짐으로 한파를 극복하자

한파가 뭐지? 이렇게 극복해보자!

1. 레이어링 시스템을 장착하자.
   레이어링은 의복을 여러 겹 덧입는 옷차림으로 주로 추운 날씨에 하는 등산이나 캠핑 따위의 야외 활동에서 활용한다. 베이스 레이어, 미드 레이어, 아우터 세 겹으로 겹쳐 입는다.

2. Ice를 즐기자.
   '아아'는 기쁨, 감격, 슬픔, 탄식 등을 표현하는 감탄사다. 그런데 요즘 카페에서 커피를 주문할 때 '아아'는 'Ice Americano'를 뜻한다. 그리고 이렇게 추운 날에도 Ice를 즐기며 '얼죽아(얼어 죽어도 아이스 아메리카노)!'란다.

3. '이한치한(以寒治寒)'하자.
   "추위로 추위를 다스리다"라는 뜻으로 추운 날 알몸으로 눈 위에서 구르거나 한겨울 바닷물에 들어갈 때 쓸 수 있다.

'소극적인 극복'보다 '적극적인 극복'으로 과감히 나서자.

춥다고 온천욕이나 따뜻한 방에만 있지 말고 과감히 밖으로 나가 적극적으로 걷기, 스키, 스케이팅, 실내(Indoor) 골프 등 동계 스포츠를 찾아 즐겨보자. 물론 그냥 뛰는 것도 좋다.

4. '다독', '따음', '타톡'하자.

"다독(多讀)하고 따뜻한 차를 많이 마시고 사람들과 수다를 떨자."

이렇게 하는 것은 생각만 해도 좋다. 평소 읽고 싶었던 책을 마음껏 읽고 따뜻한 핫초코라도 한 잔 마시며 좋아하는 사람과 이야기 속에 푹 빠져 시간 가는 줄 모르고 수다를 떨다 보면 "추위야, 물러가라!"라고 외치며 혼자 웃을 수도 있겠다.

5. 마음이 얼지 않도록 녹이자.

작은 사랑의 마음이라도 어서 이웃과 나누자. 사랑을 실천할 때다.

24

'화양년화(花樣年華)'는 지금이다

이 말은 단순히 표현하면 인생의 가장 아름다운 순간을 상징한다. 꽃이 가장 화려하게 필 때를 말하는 이 사자성어는 인생의 최고정점을 일컫는 말로 옛날부터 알려졌다. "누구나 자신만의 때가 있다"라는 말이 있다. 요즘 주식시장으로 힘들고 어려운 시절의 연속이지만 그럴수록 더 '지금이 자신의 인생의 정점 축제 때'라고 느끼며 힘을 내 즐겨보자.

"인생을 반드시 이해할 필요는 없다. 인생은 축제와 같은 것이다."
　　　　　　　　　　　　　　　　　　'인생' -라이너 마리아 릴케-

25

'화무십일홍 권불십년'이다

'강노지말(强弩之末)'은 『사기(史記)』의 '한장유열전(韓長孺列傳)'에 나오는 말로 같은 이야기가 『한서(漢書)』의 '한안국전(韓安國傳)'에도 나오는데 "아무리 강한 힘도 마지막에는 결국 쇠퇴한다"라는 뜻이다. 즉, "힘찬 활에서 튕겨 나온 화살도 마지막에는 힘이 떨어져 비단조차 뚫지 못한다"라는 뜻으로 아무리 강한 힘도 결국 쇠퇴하고 만다는 뜻이다.

우리는 지금 내 힘이 가장 강하다고 느끼고 무엇이든 '강공'만 생각할 때가 가끔 있는데 그럴수록 마음의 힘을 좀 더 빼고 내 힘의 '선한 영향력'을 되돌아보는 하루가 되길 바란다. '인생은 화무십일홍 권불십년'이라고 했던 선인들의 고언을 잊고 살고 있지는 않은지 생각해보는 아침이다.

26

역사를 잊은 민족에게 내일은 없다

'쪽바리'라는 말의 유래를 다시 생각해본다. 쪽바리(쪽발이)의 사전적 의미를 찾아보면 '한 발만 달린 물건, 굽이 두 조각난 물건, 왜나막신(게타)을 신고 다니는 데서 일본인을 모욕하는 말' 등으로 풀이하고 있다. 사람들 사이에서 일본인을 비하하는 말로 '왜(矮·倭)놈'과 함께 널리 써온 말이다.

일본인들은 전통적인 발싸개로 '다비(足袋)'를 버선 겸 신발로 신었다. 다비는 벙어리장갑처럼 엄지와 나머지 발가락으로 나누어져 있는데 게타(下駄)나 조리를 신을 때 엄지와 검지 발가락 사이에 끼워 신는 구조이기 때문이다.

그 일본 발싸개(다비)를 신은 모양새가 돼지 족발을 닮아 '돼지 족발'에서 돼지는 탈락하고 사람을 가리키는 '이'가 붙어 '족발이', 이 '족발이'가 변해 '쪽발이', 더 나아가 발음 편의상 '쪽바리'가 되었고 현재는 '쪽발이'를 표준어로 삼고 있다. 제2차 세계대전 당시 미군은 일본인을 'Jap', 'Monkey'라고 불렀다는데 '일본원숭이'와 '쪽바리' 중 어느 것이 그들과 더 잘 어울릴까?

모처럼 천안 목천 독립기념관에 왔다.
안중근 의사의 글귀가 가슴에 남는다.

"역사를 잊은 민족에게 내일은 없다."

가슴이 먹먹한 심정으로 귀가길에 올랐다.

역사를 잊은 인간들이 판을 치는 요즘 세상에 다시 한번 말해주고 싶다.

역사를 잊은 민족에게 내일은 없다.

우리도 KOREAN FIRST!

27

무엇이 문제냐니 참 기가 막힌다

무슨 일이든 누구든 상식적인 수준에서 판단할 내용도 자신의 입장에서만 계속 우기고 내용을 왜곡하고 본질적인 것을 속이고 반성이나 비판도 없이 주장만 계속한다면 누구나 듣는 입장에서는 기가 막힌다고 할 것이다.

세상 일은 이것저것 따지기 전에 원칙과 상식이 기준이다. 즉, 민심이 천심이 된다. 그러니 조직의 리더라면 더 정략적 언행(政略的 言行)으로 기 막히는 일은 삼가고 이 쌀쌀한 추위도 따뜻이 녹여줄, 구성원의 기를 살리는 멋진 리더십을 펼쳐주길 기대한다.

28
고독은 나를 더 알게 한다

秋夜雨中 가을밤 비 내리고
秋風惟苦吟 가을바람에 애써 시 읊지만
世路少知音 세상에 알아주는 이 없네.
窓外三更雨 창밖에는 밤 깊도록 비 내리는 소리
燈前萬里心 등불 아래 마음은 만 리를 달리네.

"자신을 죽일 만큼 엄청난 것이 아닌 이상 고난은 나를 더 강하게 만든다."

-프리드리히 빌헬름 니체-

이 주말 아침 몸과 마음으로 느끼는 '고독'이 왠지 나는 좋다.
이 가을 독서의 계절에 추천하는 책 한 권, 『검은 고독 흰 고독』(라인홀트 메스너 저).

인간이라는 작은 존재는 극한의 상황에서도 물러나지 않는 인간의 도전의식 속에서 찾아온 심리적 안정감과 고독과 두려움을 원동력 삼아 비교가 안 되는 이 두 존재의 새로운 의미를 부여한다. 그리고 그는 말한다. "나는 세상의 모든 것을 등지고 혼자 오르는 것이 아니다. 이렇게 여기 앉아 있으면 나는 산의 일부가 된다. 정복이 아닌 순응의 이해는 철학이라는 이 단어조차 필요 없는 태고의 진리인 것 같다."

-내용 중에서-

29

인생은 선택의 연속이다

주말 아침 책 한 권을 소개해 드린다.

자기가 자신의 인생을 선택하면 된다.
어떻게?
에너지 넘치고 활기차게
'펄떡이는 물고기처럼' 말이다.
비록 당신이 '어떤 일을 하는가'에는
선택의 여지가 없더라도
'어떤 방법으로 그 일을 할 것인가'에는
언제나 선택의 여지가 있다.

-『펄떡이는 물고기처럼』중에서-

인생은 'BCD'다. Birth, Death, 그리고 Choice.
자기 인생은 자신의 선택이다.
오늘 주인공은 당신입니다.
"즐겁지 않으면 인생이 아니다."

주말 시간 '즐거운 선택' 되시길 응원합니다.

30

성공 투자의 첩경은 없다.
지름길을 찾지 말라

나는 지금까지 살아오면서 복권에 당첨된 적이 한 번도 없다. 하늘에서 돈이 공짜로 쏟아진 적도 없다. 여러분도 그럴 것이다. 돈은 쉽게 벌 수 없다. 많은 땀과 노력, 인내와 고통, 준비된 습관이 쌓여야 얻는 것이다. 주식도 마찬가지다.

그런데 왜 대부분 주식투자를 하면 돈을 번다고만 생각할까? 그리고 주식으로 돈을 버는 지름길은 있을까? 주식으로 큰 수익을 올려 인생을 바꾼 투자자도 있겠지만 그런 경우는 극소수이고 그런 생각으로 주식을 시작한 투자자 치고 실패하지 않은 사람이 없었다. 지름길은 절대로 없다.

스포츠 경기에서 승자와 패자의 차이는 역시 실력이다. 주식투자의 승패는 어떤가? 주식은 비교적 단순하다. 남들보다 싸게만 사면 이길 확률이 높아진다. 그 해답은 싸게 사는 방법을 연구해 쌀 때 베팅하는 것이다. 오랜 경험상 주식시장에서 빨리 가기 위해 지름길을 선택한 사람들은 대부분 목적지에 도착하지 못했다.

그 이유는 간단하다. 주식투자에는 끝이 없기 때문이다. 주머니의 돈이 바닥나 더 이상 베팅할 돈이 없을 때 끝을 맺든지 수익을 계속 올리는 수밖에 없다. 한두 번 이겼다고, 초반에 돈을 조금 벌었다고 주식시장을 떠난 투자자를 지금까지 본 적이 없다. 그래서 주식투자는 습관이 중요하다. 끝없이 투자를 계속하려면 비교적 승률이 높은 방법을 꾸준히 연구하고 습관화해야 한다.

보통 주식시장이 가장 좋다고 할 때 개미투자자들은 손실이 크다. 가장 좋을 때 뛰어들기 때문이다. 나는 주식투자를 하지 않는 지인들로부터 가끔 전화를 받는다. 대부분 "이 종목이 유망하다는데 사도 될까요?"라는 내용이다. 문의받은 종목을 보면 역시 한결같이 너무 많이 오른 종목이 대부분이다.

결국 그 지점에서 주식투자를 시작하는 것이다. 물론 "많이 올랐기 때문에 더 이상 오르지 않을 것이다"라는 논리는 맞지 않지만 개인투자자들이 손실을 입는 이유는 상승세가 더 이어질 거라는 막연한 믿음과 정작 상투를 치고 추세가 깨져도 장기투자를 염두에 두고 투자한 기업을 믿고 그대로 밀고 가겠다고 생각하기 때문이다.

주식시장이 가장 좋을 때 종목을 매수하고 곧 고점을 인지할 때쯤이면 주가는 급락하기 시작할 것이다. 눈물을 머금고 손절매하고 다른 종목을 재매수하지만 종목만 바뀌었을 뿐 고점에서 매수하기는 마찬가지다.

결국 이런 습관은 주식투자를 그만둘 때까지 계속 이어지는데 이 것이 주식투자에서 가장 나쁜 습관이다. 주식투자에 지름길은 없 다. 안정적이고 안전한, 제대로 된 방법을 꾸준히 고수해야 좋은 습 관을 이어갈 수 있다. 성공적인 주식투자는 좋은 습관에서 나오기 마련이다. 좋은 습관 중 가장 기본적인 것은 '싸게 사 비싸게 파는 습관'이다.

31

'BLASH GAME'
싸게 사 비싸게 팔아라

BLASH GAME. 싸게 사 비싸게 팔아라.

'BLASH(Buy Low And Sell High)'를 기억하라. 주식투자를 하는 동안 'BLASH'만 기억한다면 어려운 주식시장에서도 승률을 90%까지 끌어올릴 수 있다. 일단 성장 가능성이 있는 종목을 선택하고 시장에서 충분히 소외되어 기업청산 가치 이하로 내려간 종목을 매수해 시간에 투자한다면 수익을 올릴 수 있다. 이런 종목의 주가가 지속적으로 하락해 적절한 시기에 분할매수할 수 있다면 결국 양(+)의 수익률로 전환되어 큰 수익을 맛볼 수 있다.

매우 단순하면서도 공감할 수 있는 BLASH를 실제로 활용하기 위해서는 다음 조언들을 염두에 두고 투자에 임하는 것이 무엇보다 중요하다.

1. 시장이 가장 안 좋을 때 투자하라.
2. 좋은 종목을 사는 것보다 시장이 바닥일 때 바로 '때'를 사는 것이 돈을 버는 투자의 지름길이다.
3. 성공 투자의 첩경은 없다. 꾸준한 수익을 원한다면 지름길을 찾지 말라.

'오마하의 현인' 워런 버핏도 업계 최고기업의 주식들만 매수하는 것으로 알려져 있지만 그 전제 조건 속에는 싼 주식을 사는 것이 깔려 있음을 항상 기억해야 한다.

32

때

증권전문가로 20년 넘게 활동하면서 수많은 고객들과 함께 해왔다. 많은 투자처와 투자전략, 수많은 유망종목도 선정해 드렸지만 이보다는 주식투자자분들에게 우선적으로 추천해 드린 곡이 더 기억이 난다.

어렵거나 좋을 때 들으시면서 멘탈관리 하시라는 이유였는데 첫 번째 추천곡은 바로 조항조의 '때'다.

주식투자 과정은 어떻고 투자자들은 어떤 마음으로 임해야 하는지 이 곡이 정확히 말해준다. 주식할 때는 때가 답이다.

낮춰야 할 때는 낮춰야 하고
물러나야 할 때는 물러나야지.
오르고 오르면 끝이 있듯이
내려올 때도 끝이 있다네.

막막한 하루하루 힘들다면
하늘 한 번 보고 힘껏 소리쳐.
기회는 누구에게나 다가오는 것
내게도 그럴 때가 올 거야.
이왕이면 웃고 살면 행복해지고
기왕이면 웃고 살면 즐거워지고
영원히 힘들 것만 같았던
지난 일들도
돌아보면 추억 되겠지.
지나간다 지나간다 지금 이 순간
때가 되면 돌아보면 웃는 날 온다.
오늘도 힘차게 어깨를 펴고
가족사진 보며 힘을 내야지.

'때' -조항조-

33

뻔한 승부에 시간과 정성을 아낌없이 쏟아부어라

살다 보면 여러 가지 승부와 승부처가 찾아온다. 그중 뻔한 승부는 절대로 놓치지 말라고 말해주고 싶다.

미래가 불확실한 투자에는 선뜻 손이 나가지 않는 것이 당연하다. 어떻게 될지 모르니까 말이다.

하지만 모든 투자는 불확실한 미래에 대한 그림을 그려놓고 확신하고 투자하는 것이라고 말하고 싶다. 결론이 뻔한 승부는 사자처럼 달려들어 뻔한 승부를 해줘야 한다는 것이다.

큰 성과를 낼 큰 승부부터 작은 승부까지 또는 시스템적으로 이길 수밖에 없는 뻔한 승부에도 시간과 정성을 아낌없이 쏟아부으라는 말이다.

특히 위기가 오면 늘 기회도 따라 왔다는 것을 잊으면 안 된다. 난세에 영웅이 난다고 했다.

공포와 패닉의 위기가 오면 늘 설레는 마음이 한가득이다. 지난 20년 넘도록 지금의 나를 있게 해준 것이 바로 위기 뒤의 기회였기 때문이다.

어쩌면 이 뻔한 승부는 늘 위기 상황에서 만들어졌고 위기가 지나가면 큰 성과를 어김없이 주었다는 단순 이론과 오랜 경험에서 나온 투자비법이다.

34

쌀 때 못 사고 비쌀 때만 산다. 그것도 매우 비쌀 때 산다

주가가 쌀 때는 우선 확신이 없다. 그리고 주가하락이 계속되는 종목에는 관심이 없다. 무섭고 어디가 바닥이고 저점인지 몰라 더더욱 관심과 확신이 없어진다. 개인투자자가 주가가 싸다고 판단될 때가 있다. 하지만 정말 오를지 의문이 생기게 마련이다. 대부분의 투자자는 보통 주가가 쌀 때는 사지 못하다가 한참 오른 후에야 사게 되어 있다. 쉽게 설명하면 쌀 때는 좋은 뉴스나 내용이 없어 당연히 투자자의 관심도 없지만 주가가 많이 오르면 좋은 뉴스나 호재가 많이 뜨고 사람들의 관심도 높은 인기주가 되는 원리다. 주가가 쌀 때의 특징은 긍정적인 내용이나 재료가 없고 실적, 추세, 수급도 좋지 않다는 것이다. 초보 투자자들은 당연히 확신이 생길 수 없는 구간이다.

차트도 대부분 중·장기 역배열과 고점이 낮아지는 장기하락 추세를 보일 것이고 당장 재료도 실적도 수급도 좋아지지 않는 종목에 투자한다는 것은 사실 쉽지 않다. 그래서 대부분의 투자자는 보기 좋고 인기 많고 누구에게나 큰 확신을 주는 종목에 투자하게 된다. 이런 종목을 완벽한 종목이라고 할 수 있을 것이다. 다만, 보기에는 매우 좋은 종목이지만 반드시 큰 수익을 안겨준다는 보장은 없다. 보통 이런 완벽한 종목을 보면 대부분 강한 확신이 들고 주가가 몇 배, 몇십 배가 올랐든 투자를 망설이지 않는 경우가 많다. 이때 아무도 말릴 수 없다.

몇 년 동안 수백, 수천%나 오른 종목도 장밋빛 미래를 전망하며 투자를 시작하는 경우가 많다. 그런 종목은 다음과 같은 특징이 있다.

- 모든 것이 완벽하다.
- 오랫동안 주가가 많이 오르고 있고 추세도 좋다.
- 수년 동안의 실적이 매우 좋다.
- 호재성 재료가 너무나 많다.
- 미래 성장성이 흠잡을 데가 없다.

주가는 기업의 미래를 선반영한다고 했다. 대부분의 투자자가 모든 것이 완벽하다고 공감할 때 이미 주가는 고점 영역인 경우가 많다. 물론 거기서 더 갈 수도 있고 거기가 고점일 수도 있다. 하지만 성공적인 주식투자 습관을 강조해 드렸다.

위의 몇 가지 특징은 주식을 비싸게 살 수 있는 종목의 특징으로 주식이 쌀 때 사고 싶다면 반대로 하면 된다. 물론 이제 막 시작하거나 장기간 이미 선반영된 종목도 있다. 투자는 습관이다. 싸게 사야 먹을 게 있는 법이다.

우리는 평소 알던 브랜드가 바겐세일을 하면 백화점, 아울렛, 마트로 달려간다. 하지만 평소 알던 주식이 50% 바겐세일을 해도 대부분의 투자자는 투자를 못 한다. 바로 그 차이라고 보면 된다. 현명한 투자자는 가장 쌀 때, 누구나 확신을 갖지 못할 때, 최악일 때 사 가장 비쌀 때까지 투자한다. 그리고 투자자 누구나 확신을 갖고 투자할 때, 최상일 때 주식을 팔기 시작한다. 사실 이것이 성공투자의 기본 원리다.

그럼 가장 좋을 때나 그 과정에서 수익을 보고 주식을 팔았는데 주가가 다시 오른다면 어떡해야 할까? 필자는 보통 투자를 계속하다가 수익을 실현한 종목은 판 가격 이상으로는 절대로 다시 사지 않는다. 그 다음은 뒷사람들의 몫으로 보면 된다. 우리는 다른 먹잇감을 찾으면 되니까.

지금부터 공부할 내용은 '바로 그것이다'. 쌀 때 사는 법, 쌀 때 확신하는 법, 이미 늦었다고 판단되는 종목을 관심종목에서 과감히 버리는 것이다. 또한, 주식은 좋은 습관을 꾸준히 이어가야 한다. 필자가 가장 중시하는 것은 제대로 된 투자 습관이다.

35

젖은 옷은 마르게 되어 있다

장마철도 아닌데 요즘 비가 계속 내리고 있다. 우산을 써도 내리는 비에 신발과 옷은 늘 젖기 마련이다.

주식투자자들에게 이 말을 참 많이 하는 편이다. "비가 내리면 비를 맞을 수도 있다. 하지만 젖은 옷은 곧 마르게 되어 있다. 해가 뜨면 젖은 옷은 바싹 마르게 된다."

내가 산 주식은 떨어질 수 있다. 손실이 날 수도 있다. 늘 좋을 수만은 없는 것 아닌가?

내가 투자한 것들이 곧바로 성과로 이어질 수만은 없는 것 아닌가?

내가 하는 일이 모두 잘 될 수만은 없는 것 아닌가?

투자자들은 잔파도에 너무 많이 속는다. 그래서 내가 못버티고 팔면 그때부터 오르기 시작한다는 것 아닌가?

주가가 떨어지는 것은 비를 맞는 것이고 입은 옷이 젖는 것은 곧 손실이 나는 것이다.

하지만 그 순간이 지나면 젖은 옷은 다시 바싹 마르게 되어 있고 강한 상승도 나타나게 된다.

인생사 희노애락이 있듯이 주식투자에도 희노애락이 담겨져 있다.

옷이 좀 젖었다고 성급히 벗어 던지지는 말자. 우리 인생도 당장 어려움이 있다고 포기하지는 말자.

젖은 옷은 곧 마르게 되어 있으니까.